Kruppstr.
Fritz-Schloß-Park
Poststadion
Rathenower Str.
Döberitzer Str.
Minna-Cauer-Str.
Hauptbahnhof
Hamburger Bahnhof-Museum für Gegenwart
Humboldthafen
Invalidenstr.
Platz vor dem Neuen Tor
Robert-Koch-Platz
Hannoversche Str.
Bettenhaus der Charité
Medizinhistorisches Museum
Charité Universitätsklinikum
Institute (HU)
Deutsches Theater Kammerspiele
Oranienburger Tor
Friedrichstr.
Claire-Waldoff-Str.
B.-Brecht-Platz
Berliner Ensemble
Schumannstr.
Reinhardtstr.
Marienstr.
Albrechtstr.
Luisenstr.
Washingtonplatz
Hugo-Preuß-Brücke
Alexanderufer
Kapelleufer
Rahel-Hirsch-Ufer
Ludwig-Erhard-Ufer
Moabit
Alt-Moabit
Lesser-Ury-Weg
Seydlitzstr.
Cl.-Waldoff-Pr.
Otto-Dix-Str.
Lehrter Str.
E.-Herwegh-Str.
A.-Z.-Harnack-Str.
Jaschke-Str.
K.-Paulus-Str.
E.-Trebe-Str.
Fr.-List-Ufer
Berta-Benz-Str.
Ilse-Schaeffer-Str.
Willy-Brandt-Str.
Spenerstr.
Werftstr.
Melanchthonstr.
Flemingstr.
Ingeb.-Drewitz-Allee
A.-Berend-Str.
Kanzlergarten
Lüneburger Str.
Bundeskanzleramt
Otto-v.-Bismarck-Allee
Adenauer-Str.
P.-Löbe-Haus
Adele-Schreiber-Krieger-Str.
M.-Steffin-Str.
Marie-Elis.-Lüders-Haus
Schiffbauerdamm
Friedrichstr.
Georgenstr.
Dorotheenstr.
J.-Karnatz-Allee
Paul-Löbe-Allee
Konrad-Adenauer-Str.
Bundestag
Reichstagsgebäude
Platz der Republik
Reichstagufer
Jakob-Kaiser-Haus
Dorotheenstr.
Wilhelmstr.
Madame Tussauds
Kennedy Museum
TIPI
Haus der Kulturen der Welt
Gr. Querallee
Bettina-v.-Arnim-Ufer
Schloss Bellevue
Paulstr.
John-Foster-Dulles-Allee
100
H.-v.-Gagern-Str.
Scheidemannstr.
Yitzhak-Rabin-Str.
Sowjetisches Ehrenmal
Straße des 17. Juni
Pariser Platz
Platz des 18. März
Brandenbg. Tor
Forum WillyBrandt
Unter den Linden
Komische Oper
Glinkastr.
Akademie der Künste
Behrenstr.
Holocaust-Mahnmal
Cora-Berliner-Str.
Hannah-Arendt-Str.
Gertrud-Kolmar-Str.
Französische Str.
Jägerstr.
Taubenstr.
Mauerstr.
Ebertstraße
In d. Ministergärten
An d. Kolonnade
Mohrenstr.
Voßstr.
Rosengarten
Tiergarten
Tiergartentunnel
Musikinstrumenten-Museum
Kemperplatz
Lennéstr.
Sony-center
H.-v.-Bülowstr.
A.-Hauschner-Str.
Potsdamer Platz
Leipziger Platz
Leipziger Str.
Museum für Kommunikation
Tiergartenstr.
200
Kunstgewerbemuseum
Ben-Gurion-Str.
H.-v.-Karajan-Str.
Philharmonie Kammermusiksaal
Filmmuseum Berlin
Potsd. Platz
Bundesrat
BM für Finanzen
Info- und Dok.-Zentrum Stasi
Kupferstichkabinett Kunstbibliothek
Kulturforum
Scharounstr.
Gemäldegalerie
Gedenkstätte Deutscher Widerstand
Hiroshimastr.
Hildebrandstr.
Stauffenbergstr.
Sigismundstr.
Hitzigallee
Neue Nationalgalerie
Theater am Pots. Platz
Alte Potsdamer Str.
Pots. Pl. Arkaden
Eichhornstr.
Linkstr.
Staatsbibliothek
E.-Berger-Str.
Abgeordnetenhaus
Niederkirchnerstr.
Zimmerstr.
Topographie des Terrors
Martin-Gropius-Bau
Stresemannstr.
Gabriele-Tergit-Promenade
Köthener Str.
Bernburger Str.
Dessauer Str.
Anhalter Bahnhof
Anhalter Str.
Köbisstr.
Reichpietschufer
Bauhaus Archiv
Lützowufer
Landwehrkanal
Schöneberger Ufer
Lützowplatz
Lützowstr.
Elisabeth-krkhs.
Magdeburger Platz
Derfflingerstr.
Genthiner Str.
Kluckstr.
Am Karlsbad
Bissingzeile
Mendelssohn-Bartholdy-Park
Hafenpl.
Schöneberger Str.
Tempodrom
Hedemannstr.
Wintergarten-Varieté
Potsdamer Str.
Pohlstr.
Kielganstr.
Einemstr.
Flottwellstr.
Körnerstr.
Hallesches Ufer
Tempelhofer Ufer
Hallesche Str.
Möckernstr.
Möckernbrücke
Nollendorfplatz
E.-Lasker-Schüler-Str.
Kurfürstenstr.
Potsdamer Str.
Luckenwalder Str.
Gleisdreieck
Trebbiner Str.
Deutsches Technikmuseum Berlin
Bülowstr.
Maaßenstr.
Zietenstr.
Schwerinstr.
Frobenstr.
Nelly-Sachs-Park
Dennewitzstr.
Blumenthalstr.
Güterbahnhof
Winterfeldtplatz
Steinmetzstr.
Alvenslebenstr.
Dennewitzplatz
Pallasstr.
Obentrautstraße
Ruhlsdorfer Str.
Großbeerenstraße
Wartenburgstr.
HAU 3
Mehringdamm

ISBN 978-3-940524-14-0
2. Auflage Juli 2012

Umschlaggestaltung: Gisela Kirschberg, Berlin
Satz und Gestaltung: Gisela Kirschberg, Berlin
Druck: OPOLGRAF S.A., www.opolgraf.com.pl
Gesetzt aus der Minion und Frutiger

Dieter Hoffmann-Axthelm

OSTEN WESTEN MITTE

Spaziergänge eines Planers
durch das neuere Berlin

Mit Fotos von Marek Poźniak

edition.fotoTAPETA

Inhalt

Vorbemerkung

Das Folgende ist kein Buch aus einem Guß, sondern eine bewußt lockere Reihe von Beobachtungen und Bemerkungen. Doch auch kein Haufen aus notdürftig zusammengenieteten Zeitungsartikeln oder sonstigen Altlasten aus den Tiefen des Rechners. Alles fing damit an, daß der Verleger ein Buch über das „neue Berlin" haben wollte. Es sollte, nahm ich mir vor, eine Kette von Miniaturen werden, „Berlin-Minis" war der Arbeitstitel, und an die Smarties dachte ich dabei.

So entstanden Stück um Stück kleine Essays und gruppierten sich schnell zu Kapiteln. Dann wurden sie doch dicker als gedacht und weniger bunt als erwünscht, aber was wird schon ganz so, wie man es sich am Anfang vorstellt, jede Arbeit entwickelt, kaum begonnen, ihre eigene Logik, gegen die der Autor zunehmend machtlos ist. Dann hat die Sammlung längere Zeit gelegen und mußte, als die Veröffentlichung anstand, auf den neuesten Stand gebracht werden, was vermutlich wieder einiges dicker machte und weniger bunt als gedacht.

„Neues Berlin" war gewünscht, und so ist dies auch kein Blick auf das ganze Berlin seit der Wende, sondern auf die Punkte, wo sich meines Erachtens heute die Veränderungen seit Mauerfall und Wiedervereinigung am deutlichsten zeigen. Steglitz oder Wannsee oder Frohnau oder Karlshorst kommen gar nicht vor, Schöneberg ist vernachlässig, Kreuzberg kommt schlecht weg (Prenzlauer Berg übrigens auch). Dazu kommen andere Einschränkungen. Der Blick ist der eines Stadtplaners*, der an vielem, worüber er schreibt, verantwortlich beteiligt war, also unmöglich neutral sein kann, vielmehr immer auch mitschleppt, was er sich ganz anders und viel besser vorgestellt hatte. Weiter ist es der Blick eines Eingeborenen, der noch die mehr oder minder ungeteilte Stadt vor der Mauer erlebt hat, dem also der unbekümmerte Gebrauch fremd ist, den die Menge der Zuwanderer seit 1989 von Berlin macht. Und schließlich ist es, angesichts des eben Gesagten, der Blick eines vergleichsweise alten Menschen, dessen Kriterien zwangsläufig aus dem 20. Jahrhundert stammen und für den das Berghain* eben nicht mehr kultureller Mittelpunkt sein kann. Ob die Augen dabei offen genug geblieben sind, ob es mir gelungen ist, meine Kriterien immerhin verständlich zu machen, ob irgend etwas von der Leidenschaft herüber kommt, die es bedeutete, die Großstadt Berlin nach der Wende neu zu denken und in bestimmtem Maße im Zentrum ihre Entwicklung zu beeinflussen und in die richtigen Gleise zu lenken – alles das mag der Leser entscheiden.

In Berlin verreisen

Der Rentier Schellbogen

Die Stadt zu verlassen, war, so lange ich denken kann, eine der wichtigsten Beschäftigungen der Berliner. Sie kennen, sagt man, die Welt und ihren Kiez, aber nicht das, was dazwischen liegt: die Stadt Berlin, fünfzig Kilometer in der Ost-West-Richtung, dreißig zwischen Norden und Süden, zwölf Großbezirke, jeder davon, zumindest seiner Bevölkerungszahl nach, eine mittlere Großstadt. Vielleicht eine Zumutung, sie kennen und durchwandern zu wollen. Eine Zumutung erst recht für die Neuberliner, die in Mitte mittlerweile die absolute Mehrheit erreicht haben. Sie kennen den Hackeschen Markt und die Kastanienallee, und wenn von der Jüden- oder der Neuen Roßstraße die Rede ist, dann könnte das genauso gut in Duderstadt sein. Erklärt man ihnen, wo diese Straßen liegen, dann sagen sie erleichtert: Aha, am Alexanderplatz. Daß sie damit Jahrhunderte und halbe oder ganze Kilometer überspringen, egal. Um so weniger zieht es sie in die Tiefen des Stadtkörpers, in das ausgeruhte, fast unzerstörte Berlin des 19. Jahrhunderts. Werden sie je die Laubacher Straße, das Kissingenviertel, den Eichborndamm oder den Johannaplatz kennen lernen? Die Konrad-Wolf-Straße, den Nöldnerplatz, die Kaiserin-Augusta-Allee, den Südstern, die Gerichtsstraße, den Mirbachplatz? Vermutlich nicht, es sei denn, es packte sie irgendwann die große Neugierde.

Ganz anders der Rentier Schellbogen. Da sind wir mitten im 19. Jahrhundert. Jedes Jahr brach er zu einer großen Ferienreise auf. Dem Droschkenkutscher rief er zu: Zum Stettiner Bahnhof! Aber auf halbem Wege ließ er ihn umkehren, er habe es sich anders überlegt, und fuhr zu einem Gasthof am Hohen Steinweg, mitten in der Berliner Altstadt und wenige Schritte vom Berliner Rathaus entfernt, das damals noch nicht das heutige war. Dort stieg er ab und machte drei Wochen Ferien, indem er von hier aus täglich Exkursionen in das Stadtgebiet unternahm, Jahr um Jahr.

Den Hohen Steinweg gibt es allerdings nicht mehr, er ist unter der leeren Fläche begraben, die sich derzeit zwischen Rotem Rathaus und Marienkirche erstreckt, und der Rentier Schellbogen ist nur eine Erfindung des Schriftstellers Julius Rodenberg*. Als solche kam er noch dazu erst 1890 zur Welt, da war seine Zeit schon um. Es wäre wohl auch nicht im Sinne des Erfinders gewesen, ihn als modernen Flaneur zu verstehen. Dazu zeigt die Figur zu viel altberlinischen Bodensatz, zu viel Seßhaftigkeit und Bodenständigkeit, zu wenig Weltgewandtheit und intellektuelle Zerrissenheit. Er war eher das, wonach der Flaneur sich sehnt – wohl auch Julius Rodenberg selber, und erst recht, eine Generation später Franz Hessel*, die Inkarnation schlechthin des Flaneurs. Beide jüdische Berliner, geübt in der Aufmerksamkeit der Heimatlosen.

Die Figur des Rentiers Schellbogen hat eher etwas Philosophisches. Zur Philosophie gehört ja nicht nur eine gewisse Portion Sitzfleisch, sondern, nach Kant, auch die Fähigkeit, sich die Welt zu rekonstruieren nicht nur im eigenen Kopf, sondern auch in der eigenen Stadt. Wozu also in die Ferne? Die Nähe – das ist das Philosophische an der Sache – ist ausreichend unbekannt. Die Philosophie hat ja oft genug in eher unbeholfenen Körpern oder Mentalitäten gesteckt, nicht nur in weltläufigen. Das Gehen paßt auch besser zur Denkbewegung als das Reisen; Ideenfindung geschieht nicht im Anblick der Akropolis, sondern eher auf dem Weg zum Bäcker. Und drittens, wo steckt das Unbekannte, Unheimliche, dem das Denken auf der Spur ist, wenn nicht im Gewöhnlichsten – z. B. in Lankwitz oder Reinickendorf? Das Gehen ist heute allerdings aus der Mode, und das Berlin Franz Hessels ist so gründlich verschwunden wie das von 1860, in dessen Rahmen man sich den Rentier Schellbogen vorstellen muß. Die Philosophie ist tot, und der Flaneur ist endgültig in den Jagdgründen der Kulturwissenschaft verschwunden. In Berlin zu verreisen, das will, als Thema wie als Rolle, neu erfunden sein.

Um was zu finden?

Man kann sich ja ruhig so viel Zeit nehmen wie Julius Rodenberg oder Franz Hessel und täglich, aus seiner Haustüre tretend, einen anderen Weg nehmen. Man sollte das zu Fuß tun – das Fahrrad ist oft für die Wahrnehmung schon zu schnell –, so kann man sich endlich einmal das absichtslose Schauen und Entdecken leisten. Das Zeitgenössische, der Unterschied zu Rodenberg und Hessel, stellt sich sowieso her: daß der Versuch, im eigenen Laufen einen erzählenden Zusammenhang der zerrissenen Stadt zu weben, heute unweigerlich irgendwo von der Geschichte unterbrochen wird. Da hört die Behaglichkeit auf.

In den achtziger Jahren, als das alte West-Berlin die verschüttete Geschichte ausgrub, waren die sichtbaren Brüche das Thema, die Fassungslosigkeit angesichts des Ausmaßes von Abbruch und Zerstörung, von Menschenmord, Krieg und Untergang, von Spaltung und plumpen Versuchen schaufelbaggerartigen Zuschüttens der Gruben. So kann man heute vom vereinigten Berlin nicht mehr reden. Der größte sichtbare Bruch, die Mauer, ist weg, und die Anstrengungen der Stadtregierung, den Touristen ein Freiluftmuseum der Berliner Mauer zu bieten, haben mit der Selbsterfahrung und Innenperspektive der Stadt nichts mehr zu tun. Aber neben den sich schließenden Wunden der Stadt dauern die Brüche an vielen Stellen noch fort, und die Zerstörungen und Gräber des 20. Jahrhunderts sind ja damit, daß in den vergangenen zwanzig Jahren ein zweiter, Ost und West wieder zusammennähender Wiederaufbau stattgefunden hat, nicht aus der Welt geschafft, sie wirken weiter und bleiben der Untergrund auch allen neuen Glanzes.

Man wird sie nicht los, hinter aller Helligkeit scheinen die Trümmer der Geschichte durch. Inzwischen gibt es längst auch die neuen Spaltungen und Brüche.

Etwa um die Wendezeit war ich schriftlich der Frage nachgegangen, „warum … die deutsche Architektur so subaltern" sei. Unbeabsichtigt hatte ich damit einen Maßstab ausgelegt. An ihm könnte man inzwischen vermutlich ablesen, was aus Berlin geworden ist, bzw. ob sich Vorhaben und Akteure bewährt haben. Denn nirgendwo ist in Deutschland in den vergangenen Jahren so ausdehnend, so ehrgeizig, so öffentlich diskutiert und in so weit ausholender Konkurrenz der Akteure gebaut worden – Staat, internationales Kapital, westdeutsche und lokale Baulöwen, Konzerne und Verbände, die Wohnungsbaugesellschaften, das Land Berlin, Bezirke, private Bauherren und Bauherrengruppen, Großproduzenten der Architektur und ehrgeizige Einzelarchitekten. Was seitdem entstanden ist, wird daraufhin doch wohl einiges zu sagen haben, was mit dem bloßen Fotografieren oder Beschreiben des, wie man so schön ahnungslos sagt, *neuen* Berlin noch nicht abgefragt ist: über den Stand der Selbstfindung dieser geköpften, gespaltenen, zerschlagenen Stadt, die jetzt erstmals wieder die Chance hat, zu sich zu kommen, und nicht zuletzt über Staat und Gesellschaft der Deutschen, insbesondere auch darüber, wie es mit der beklagten Subalternität ihrer Architektur steht – ob und wie weit also die politische Souveränität auch kulturelle geworden ist, und wer sie trägt, der bauende Staat oder die Masse der Produzenten, Nutzer, Bewohner, Besucher.

Etwas viel auf einmal? Aber das sucht man sich nicht aus, es ist das, was die zerrissene Stadt Berlin jedem aufträgt, der sich auf sie einläßt. Weniger aber würde auch ich, der Auftragnehmer, nicht aushalten. Ich mag wohl wieder und wieder das Stadtzentrum zu Fuß oder auf dem Fahrrad durchstreifen und auf nichts anderes gespannt sein als darauf, Neugebautes zu entdecken und mich der Öffnung neuer Stadträume, der Schließung jahrzehntelanger Brachen, der Wiederkehr von Straßen und Plätze zu erfreuen. Es hilft nichts, das Wissen um die Verluste ist, wenn man ein ganzes Leben in dieser Stadt verbracht hat, nicht zu betrügen.

Die im Folgenden vorgeschlagenen Wege werden also bevorzugt an Orte führen, wo für den eingewohnten Blick die Bruchkanten verlaufen und die historischen Schichten sich, sichtbar oder unsichtbar, zu neuen Formen verkeilen – wie die Caspar David Friedrich'schen Eisschollen, die schon im Theater der siebziger Jahre zum Emblem von Stadt- und Nationalschicksal gemacht wurden. Es werden also innerstädtische Orte sein, Orte vor allem des Zentrums bzw. der Zentrumskonkurrenz. Denn noch ist vieles offen, und jede Auseinandersetzung, wohin eine neue Großinvestition soll und was sie herbeibringt, ist ein Scharmützel in der großen, auf Jahrzehnte hochzurechnenden Auseinandersetzung darüber, ob und wo und wie die Stadt sich wieder eine Mitte schaffen und damit zu sich finden wird. Und schließlich nützt es einer zukünftigen Trümmervermeidung, im Realisierten auch das mitzudenken, was an planender Vernunft versäumt wurde.

Stadtreisen?

Eine ganz andere Frage ist, welche soziale Gestalt ein solcher Blick beansprucht. Flaneur kann man in der globalen Welt nicht mehr sein. Das ist auch schon fast so weit weg wie die Behaglichkeit des Berliner Rentiers um 1860, der sich mit vierzig Jahren zur Ruhe gesetzt hat und seinen Alltag damit zubringt, sein Haus zu verwalten, die Miete einzuziehen, in der Armenkommission seines Stadtviertels tätig zu sein, vielleicht auch für die Wahl zum Stadtverordneten seines Bezirks zu kandidieren – und dann Ferien in Berlin zu machen.

Heute hat so etwas eine organisierte Form. Es gibt die Firma *Stadtreisen*, und Kundige verdienen sich ihr Geld damit, Neuberliner oder Bewohner anderer Stadtbezirke in die historischen Örtlichkeiten und Unörtlichkeiten Berlins einzuweisen, nicht zu vergessen die beliebten Berliner Unterwelten. Das ist, für den Stadtführer, Arbeit und nicht Reisen. Kein ausreichendes Äquivalent für die untergegangene historische Rolle des Rentiers Schellbogen. Denn, offen gesagt, die ist um einiges attraktiver als die modernere des ewig unglücklichen, von innerer Heimatlosigkeit und Zerrissenheit getriebenen Flaneurs, für den die Stadtoberflächen, an denen er entlang streift, eher Fluchtort sind denn Heimat. Es sollte schon so etwas wie Ankommen und Bleiben dabei sein, und es müsste eine individuelle Rolle sein - in diesem Fall meine.

Was kann, nach den Zerstörungen des 20. Jahrhunderts, Bleiben heißen? Die Unruhe von Abriß und Neubau werden wir nicht mehr los. Man sehe sich den Potsdamer Platz an. Ist da irgendetwas ausgeruht oder nach Bleiben riechend? Das ganze Paket sieht aus wie vorübergehend geparkt, und niemand würde sich wundern, wäre es eines Morgens mit seinen Silhouetten aus dem Amerika der dreißiger Jahre wieder verschwunden, und Kräne und andere Arbeitsmaschinen grüben wieder und legten die Fundamente schon für die nächste Kapitalanlage. Der Stadtbummler, der ich gerne wäre, wäre jedenfalls ein Abriß- und Neubauspezialist, ein Experte untergegangener oder verpaßter Orte, bestenfalls auch der hoffnungsfrohe Liebhaber des Neuen. Für diese zunehmend glaubwürdige Rolle des postmodernen Stadtbummlers allerdings bin ich zu ungeduldig und zu arbeitssüchtig.

Aber auch zu sehr beteiligt. Nachdem ich selber acht Jahre planend an der Umsteuerung mitgearbeitet habe, kann ich nicht mehr bloß zusehen, was denn alles so kommt oder gekommen ist. Der Akteur ist Teil dessen, was rollt, steckt mit drin im Geglückten oder Mißlungenen des Ergebnisses, würde sich als bloßen Zuschauer also mißverstehen. Dumm wäre, diese Beteiligung zu verschweigen – als müßte man, um die

Priorität von Stadt und Geschichte vor dem eigenen Selbst zu gewährleisten, so tun, als wäre man neutral und wollte bloß einmal besehen, was die anderen so gemacht haben, Staat, Kapital, Verwaltungen, Planer, Lobbyisten, Architekten, Journalisten, engagierte Bürger ... Besonders pflegen ja Architekturkritiker Planungen von der obersten Schicht her zu beurteilen, als Architektur, und damit so zu nehmen, als wären sie ein Werk der freien Künste und nicht endloser Kompromisse zwischen Politik, Verwaltung, Verbänden, Investoren. So leicht darf ich es mir nicht machen. Ich kenne die Mühlen, durch die jede Idee hindurch muß, und trotzdem kann das kein Anlaß sein, auf Ungeduld zu verzichten und mit allem, was bisher entstand, zufrieden zu sein.

Und wem sagt man das?

Dies ist der kritischste Punkt. Schon der Rentier Schellbogen gehört in eine Stadt, die vom Zuzug riesiger Mengen von Neubürgern aus allen möglichen Gegenden Deutschlands und Polens geprägt war und laufend vorstädtische Gärten und umliegende Dörfer unter neu erbauten Stadtvierteln und fünfgeschossigen Mietshäusern begrub. Aber damals gab es einen festen Kern, die Großstadt schon des 18. Jahrhunderts, und ein halbwegs gefestigtes Bürgertum. Inzwischen haben zweimal riesige Aderlässe stattgefunden. Nach 1945 verlor die Stadt weit über eine Million Einwohner, und von den verbleibenden Berlinern der fünfziger Jahre des 20.Jahrhunderts war ein Drittel neu hinzugekommen. Nach der Wende fand noch einmal ein großer Austausch statt: Wiederum ein Drittel der Bevölkerung von 1989 hat seitdem die Stadt verlassen und ist durch Zuwanderer ersetzt worden. Die, die blieben, teilen sich perspektivisch in Ost- und Westberliner und unterscheiden sich nach wie vor von den griechischen, italienischen, türkischen, libanesischen, vietnamesischen Migranten der sechziger bis achtziger Jahre.

Die Zuwanderung hält an, nicht nur Westdeutsche, sondern neue Kriegs- und Wirtschaftflüchtlinge, Zuwanderer aus den EU-Staaten, aus Rußland, Ukraine oder USA. Die Stadt wäre auch nicht das, was sie ist, ohne die als Touristen oder Zweitwohner nur sporadisch Anwesenden.

Diese ständige Neuvermischung hat nicht nur zur Folge, daß die Berliner heute ganz andere sind – eine Banalität, über die man eigentlich kein Wort verlieren muß –, sondern auch – und das ist alles andere als banal –, daß die Innenperspektive, die für Julius Rodenberg und ebenso noch für Franz Hessel selbstverständlich war, verloren gegangen ist. Immer mehr ist es ein Blick von außen, mit dem die Stadt gesehen und aus dem über sie geredet wird.

Damit könnte man leben, wenn nicht auch Politik und Verwaltung sich immer mehr diesen Blick zu eigen machten. Berlin wird von Touristen überrollt? – offenbar ist also alles gut so wie es ist, wozu sich noch mit den schwierigen Aufgaben der Stadtrekonstruktion befassen. Der Asphalt auf der Breiten Straße ist neu und glatt, gebaut wird geradeaus und im rechten Winkel, alles andere ist Luxus. Berlin hat es nicht nötig, sich um die Sperlingsgasse zu kümmern.

Aber wie dem auch sei – machen wir uns erst einmal auf den Weg.

Stadtverkehre

Ankunft

Als Kind bereiste ich die Welt an der Hand Sven Hedins*. *Von Pol zu Pol:* das war ein dreibändiges Werk für Groß und Klein, das als Junge schon mein Vater gelesen hatte. Es beginnt am und mit dem Bahnhof Friedrichstraße, mit einer begeisterten Schilderung, wie hier, scheinbar oder tatsächlich, die Fäden aus aller Welt zusammenlaufen, wie Menschenmassen, Züge, Hoffnungen und Geschäfte sich bündeln und verteilen, kommen und gehen. Das war um 1900.

Heute ist der Bahnhof Friedrichstraße zum Regionalbahnhof abgestuft, von allen Fernzügen hält hier allein der kleine Vogtland-Expreß, und was Leben, Gewirr, Eile, Massen und Geräusch in die wunderbar restaurierte Halle bringt, ist vor allem die S-Bahn. Das, was für Sven Hedin sich zum Mittelpunkt Europas verbündete, das ist, gekürzt um ökonomische Macht und nationale Vorrangstellung der damaligen Reichshauptstadt, heute an einen ganz anderen Ort gezogen, an jene immer etwas heimatlos und von hart sich aneinander reibenden Zufallsanstalten besetzte Leerstelle zwischen Berlin und Berlin, auf der einmal der Lehrter Bahnhof stand.

Der Rentier Schellbogen in mir mag das Wort *Hauptbahnhof* nicht. Wohl aber das so benannte Bauwerk. Der Name – nun ja, da war ein ehrgeiziger Provinzler am Werk, der von Berlin keine Ahnung hat und in Berlin den Frankfurter Hauptbahnhof vermißte. So wie Erich Honnecker, auch ein Provinzler (aus Saarbrücken), zu Zeiten der DDR meinte, seine Hauptstadt Berlin Ost brauche, um eine echte Hauptstadt zu sein, auch einen Hauptbahnhof. So mußte der Ostbahnhof umgetauft werden. Proteste Eingeborener halfen nichts. Wenn man den neuen Bahnhof wenigstens *Berlin Zentrum* genannt hätte … Der kurzfristig im Angebot gewesene Kompromiß *Hauptbahn-*

hof in Klammern Lehrter Bahnhof ist geschenkt, wer spricht schon so ein Namensungetüm aus, und so endet es damit, daß man, widerwillig, sich an die aufgezwungene Bezeichnung gewöhnt.

Berlin rächt sich auf seine Weise. Denn der Hauptbahnhof zerfiel, aus ganz praktischen Gründen der Orientierung, gleich wieder ortstypisch in zwei Bahnhöfe, so, wie Berlin teilungsbedingt zwei Tiergärten hat, zwei große Opern, zwei Volluniversitäten, zwei innerstädtische Mehringplätze und Karl-Marx-Straßen, zwei Botanische Gärten, zwei Musikhochschulen, zwei Hedwigschöre usw. Hier also: Oberer und Unterer Bahnhof, wie in Falkenhain, Doberlug oder Delitzsch: Zwei Ankunft- bzw. Abfahrtadressen, durch drei hohe Geschosse, schätzungsweise vierzig Meter Höhenunterschied, voneinander getrennt.

Und das ist gerade das Ereignis. Denn die Geschosse sind nicht gegeneinander abgeschottet, sondern durch das riesige doppelte Treppenhaus aufeinander geöffnet, so daß das Tageslicht von oben bis unten fällt und ein Restschein noch auf der untersten, der Tunnelebene, ankommt. Dieses Treppenhaus ist eigentlich der Bahnhof, eine wundersame Transportmaschine, die unaufhörlich schnurrt und Menschenmengen von Ebene zu Ebene befördert, ein unaufhörliches Wogen von Auf und Ab, gespiegelt zwischen Nord und Süd, ein Kontrapunkt der Blicke, der Wege und der ein- und ausfahrenden Züge, ein Ineinander von Schauen und Bewegen, von Zielstrebigkeit und Zweckfreiheit.

Auch als Ingenieurleistung handelt es sich um ein Wunderwerk. Im Rohbau sah man es noch weit deutlicher, daß die unglaublich hohen Stützen tatsächlich von der Sohle bis zur obersten Ebene den ganzen Bau durchziehen, tragend wie die schlanken Pfeiler einer spätgotischen sächsischen oder bairischen Hallenkirche. Der dadurch erschlossene Raum war allerdings funktional zu füllen, Zwischengeschosse, Treppen, Fahrstühle. Da beginnt die Architektur: Der Halle sind andere

Typologien eingeschachtelt, der Zentralraum des klassischen Kaufhauses mit seinen Rolltreppen, Diagonalperspektiven und Oberlichtern, aber auch die nie gebaute Architekturidee des in Endlosschleifen auf sich selbst zurückführenden, bei aller Raumweite verschlossenen Raumes. Diese Architektur ist also so etwas wie der Traum, den schon Generationen von Architekten vorgedacht haben und den nur zufällig nun das Hamburger Büro GMP* realisiert hat, auf der Mitte zwischen den barocken *Carceri* des Kupferstechers Piranesi und dem frisch umgebauten neuen Kaufhof am Alexanderplatz. Wie viele überdimensionierte Atrien sind in den neunziger Jahren in der Friedrichstraße und Umgebung gebaut worden – auch der von GMP in der Friedrichstraße. Hier, im Hauptbahnhof, ist weder Leere noch Sinnlosigkeit, hier ist das Atrium der Eisenbahnstadt, das sein mußte, ein Ort, der es nicht zuletzt den Massen der Ankommenden und Abfahrenden erlaubt, sich selbst als Subjekt zu erleben, sich anzuschauen.

Eben kein Einkaufszentrum mit Gleisanschluß. Das ist die zentrale Leistung von Gerkans, des Architekten: Er hat es durchgesetzt, daß die Bahn und ihre Benutzer im Mittelpunkt stehen, während der kommerzielle Besatz unauffällig in die Seitenfächer eingeordnet ist, nicht mehr, als man erwartet und inzwischen wohl auch braucht.

Wenn man dann allerdings auf der Erdgeschoßebene das Glashaus verläßt, überfallen einen Zweifel, ob man tatsächlich in Berlin angekommen ist. Ich tue das gewöhnlich über das Nordportal, und da ist jedes Mal wieder ein Schock fällig. Wo bin ich? Man steht mitten im Nirgendwo der Berliner Nachkriegszeit: Ungebautes, eine Verkehrsachse, Fragmente historischer Zustände, und das unbestimmte Gefühl eines über Jahrzehnte, wenn nicht noch viel länger angesparten Planungsdefizits. Links liegen Mauerreste des Zellengefängnisses, zum Park umgebaut, den fast nur die Radfahrer kennen und als Abkürzung benutzen. Rechts die Bauten der einstigen

Hamburger Bahn, geradeaus blickt man in die Tiefen des Nirgendwo, wo einmal das *Europaviertel* entstehen soll. Immerhin gibt es im Vordergrund die Bushaltestelle und auf der anderen Straßenseite eine Budenzeile aus der dritten Welt.

Kaum besser steht es, wenn man den Südausgang wählt. Es geht – das riesige der Glasfenster der Südfassade versprach es schon – erst einmal ins Helle. Aber auch hier ein Vorplatz, der bloß Warteplatz für noch nicht Gebautes ist, Fläche, Gedränge, Taxis, auch hier ein Hauch von Süden, von Kalamata und Karawanserei.

Was wird in ein paar Jahren sein? Büro- und Hotelbauten werden kommen, allerdings nichts, was Stadtalltag für normale Menschen zuließe. Geplant ist Würfel neben Würfel für Funktionseliten und eher abgehobene Einkommensschichten. Was früher ein Bahnhofsviertel ausmachte, Puff, Kaschemme, Spielhalle, hier wird das keine Chance haben. Dies bedacht, kann man eigentlich nicht ungeduldig sein. Das Niemandsland von heute ist, der Reisende möge es glauben oder nicht, mehr Berlin als das, was kommen wird. So vergißt man nicht so schnell, wie viel Niemandsland es vor der Wende hier, beidseits und entlang der Mauer gegeben hat.

Alex

Er macht seinem Ruf alle Ehre. S- und Straßenbahn, Regionalzüge und Busse, Autos und Parkplätze schaufeln unaufhörlich Menschenmassen auf die Fläche. Nirgendwo sieht man in Berlin so viele Menschen durcheinander laufen und nirgends im Stadtgebiet auch so verschiedene (nur am Bahnhof Friedrichstraße schneiden sich noch so viele S-, U-, Straßenbahn- und Bus-Linien). Hier sind weit mehr Verkehrsachsen auf Tuchfühlung gebracht als am Potsdamer oder Breitscheidplatz. Wo sonst in der Innenstadt ist die begehbare Fläche so sehr mit unterirdischen Tunneln, Schächten, Gängen durchzogen, gäbe es eine solche Spiegelung des Getümmels zwischen Oben und Unten? Kurz, der Alexanderplatz ist unbestritten der mächtigste Verteiler der Stadt.

Unordentlich wie eh und je, resistent gegen Veredlung und Architektur, ist der Alexanderplatz also zumindest als Drehscheibe der Massen, Verkehre und Einkaufsströme ungeschlagen. Der Potsdamer Platz? Als Verteiler ein Reinfall, als Konsumentenparadies Provinz, sozial ein Touristenort. Bahnhof Friedrichstraße ist zu einseitig, zu geschäftlich, zu gezähmt. Dem Hauptbahnhof fehlt zwar nicht die Masse, aber der Anschluß, und Bahnhof Zoo sank samt Umgebung wieder zu einer Affaire nur des Westens herab. Einziger ernsthafter Konkurrent als Platzfläche: der Breitscheidplatz, die popkulturelle Spiegelung des Alexanderplatzes im Westen.

Aber es gibt auch keinen nüchterneren Ort in Berlin als den Alex. Von Mythos keine Spur, nur Rennen, Fahren, Kaufen auf ebener Fläche zwischen riesigen Warenbehältern. Wohin würde ein Franz Biberkopf sich heute verkrümeln können? Kein Ort für ihn. Kein Ort aber auch für die meisten, die ihn heute benutzen, ein rund um die Uhr anwesendes Häuflein Punker ausgenommen.

Ergebnis natürlich einer Geschichte. Lassen wir die alten Zustände beiseite, immerhin gab es hier ja auch einmal das Königstädtische Theater, abgerissen für das Alexanderhaus von Peter Behrens, eben das, welches, gemeinsam mit seinem nebenstehenden Zwilling, heute der letzte Zeuge dafür ist, daß der Platz auch eine Geschichte vor der DDR hatte. Schon in den zwanziger Jahren, die Herstellung von Döblins Textcollage begleitend, wurde also fürsorglich abgerissen und bereinigt. Die DDR schaffte es darüber hinaus, das ganze Hinterland abzureißen, das den Krieg halbwegs überstanden hatte, Königsstadt und Ränder des Scheunenviertels. Damals, im Namen einer neuen, besseren Welt, fast ein kleiner Weltuntergang. Zurückblieb, was Platz sich in Wahrheit nicht nennen ließ: eine leere Projektionsfläche betrogener politischer Utopie und der Alltag der damals recht mageren Verkehre.

Wenn der Maßstab aber stimmt, an dem gemessen dies die mächtigste Drehscheibe der Stadt wäre – muß man dann nicht zuallererst über die Gewalt reden, die ein solcher Umstand ausübt? Die historische Gewalt des Abreißens ist vorbei, die der Verdrängung einer ganzen Bevölkerungsschicht ebenso. Beides stellte, von heute aus gesehen, die abstrakte Fläche bereit, auf der sich, nachdem die politischen Massen im Abgrund der Geschichte verschwunden sind, die Massen von heute abbilden, streng getrennt in Käufermassen hier, Automassen dort. Das ist der Rest der Gewaltsamkeit, der, unaufgelöst, noch den heutigen Benutzer trifft.

Es ist ja nicht bloß das sympathisch Unzivilisierte, was sich durchhielt. Wenn im vergangenen Jahrhundert das alte Dunkel durch wiederholten Abriß und Überschreibung mit Planungsmoderne entsorgt wurde, so ging damit am Unzivilisierten des Ortes gerade auch sein Menschliches, Sympathie oder Mitleid Heischendes, verloren. Die zivilisierenden Zugriffe von Planung und Architektur dagegen erzeugten, auf diesem Exerzierplatz schlechthin der Berliner städtebaulichen Moderne, mehr Barbarei als neues Leben.

Denn Massen und das Auftreten krasser Unterschiede sind noch nicht als solches städtisches Leben. Dem steht schon das Übermaß an Fläche entgegen. Der entscheidende Punkt ist aber die Aufspaltung des Subjekts Platz. Darüber wird nicht geredet und gestritten, und doch ist es diese Spaltung, die den Platz um seinen Schatten brachte und die Zerstörung seines weiteren Umfeldes herbeiführte.

Aufspaltung meint: man trennte Platzfläche und Verkehr. Der Platz wurde trockengelegt und der motorisierte Verkehr, sich selbst überlassen, am Platz vorbeigeführt. Seitdem rollt er auf den Schnellstraßentrassen der Verkehrsplanung von 1946 am Platz vorbei – eine Insel im quadratischen Raster des Verkehrssystems der total autogerechten Stadt. Karl-Liebknecht-Straße im Westen, Memhardtstraße im Norden, Grunerstraße im Osten isolieren die Platzfläche gegen die übrige Stadt. Was an Platz übrig blieb, hatte seine stadtproduzierende Funktion verloren, es war zu einer Bühne, einer Präsentationsfläche ohne den Hauptakteur geworden, die vieldeutige ungezähmte Vorstadt.

Der alte Alexanderplatz war ein großer Strudel, Ausgangspunkt und Fluchtpunkt der Stadterweiterung und der ihr folgenden Verkehre nach Norden und Nordosten. Von ihm, dem ehemaligen Torplatz, gingen die großen Ausfallstraßen aus, Prenzlauer Straße, Neue Königsstraße, Landsberger Straße, Frankfurter Allee – alles Namen von gestern, die man heute auf keinem Stadtplan mehr finden kann, so wenig wie die so benannten Straßen. Der Fächer der drei erstgenannten Straßen bildete die Königsstadt, ein untergegangenes Stadtviertel. Sie wurde von den DDR-Planern restlos abgerissen, um den Platz auf doppelte Größe zu bringen. Wo einst die den Platz nach Norden schließende Bebauung war, mündet jetzt die Frankfurter Allee in eine 120 Meter breite Rollbahn ein, ein Unort.

Allerdings ist es zu spät, auf dem Alexanderplatz nur von der DDR zu reden. 20 Jahre lang war Zeit und Gelegenheit, allerlei zu ändern. Was jetzt zu sehen ist, ist der Nachwendeplatz mit allen seinen Halbheiten. Die westberliner Planung wollte ja Anfang der neunziger Jahre alles rund um den Alex abreißen, um dort ein kleines Manhattan zu installieren. Das größte Übel, das Schnellstraßensystem, das allerdings wurde auch nicht einen Augenblick in Frage gestellt. So war eine Heilung der verkorksten Situation schon vom Ansatz her nicht möglich, es ging nur noch darum, die DDR-Planung zwischen Bahnhof Alexanderplatz und Mollstraße so spektakulär wie möglich zu überschreiben.

Wer sich heute das Stadtmodell im Maßstab 1:500 der Senatsverwaltung für Stadtentwicklung anschaut, kann dort über das dargestellte Ergebnis des Wettbewerbs von 1993 nur staunen. Es gibt keine bessere Gelegenheit, sich nachträglich einen Begriff vom Provinzialismus derjenigen westberliner Politiker zu machen, die in den neunziger Jahren über Stadtentwicklung entschieden. Der Hochhauswald hinter dem Alex: ein Traum kleiner Jungen, deren Stadtbild an Märklin-Eisenbahnen geschult war. Offenbar traute man sich tatsächlich zu, den ungeliebten Osten auf diese Weise hinter einem riesigen Gartenzaun zum Verschwinden zu bringen. Daß es für diese Hochhäuser an diesem Ort keinerlei wirtschaftliche Grundlage gab, war den Verantwortlichen keinen Gedanken wert. Da aber bauwirtschaftliches Handeln zumindest in bestimmten Grenzen rational gesteuert ist, blieb der erträumte Hochhauswald ungebaut, er wird auch nie gebaut werden. Nach wie vor aber ist er Baurecht. Damit ist das Gebiet weitgehend zur Stagnation verurteilt, und so blieb es vor allem auf dem Platz selber lange bei bloß punktuellen Eingriffen und einer Aufwertung des Vorhandenen.

Eine erste zivilisatorische Rettung des Platzes brachte die Straßenbahn. Die Heranführung der Linien 2, 3 und 4 von Norden, aus der Greifswalder Straße, an den Bahnhof Alexanderplatz war der Anlaß. Das fügte in die große Rollbahn Memhardtstraße – aber wo ist da die Straße? – ein erstes Beruhigungsmittel ein: einen Überweg mit Ampel, wo bis dahin die querenden Fußgänger von den Autofahrern wie Hasen gejagt wurden. Und es gab der engeren Platzfläche, was Weltzeitbrunnen und anderer Nippes nie schafften: eine Struktur, ein Gefühl von links und rechts. Lautlos durch die Menge gleitend, öffnen die Straßenbahnzüge seitdem den Platz wieder für das, wofür er geschaffen war, den rollenden Verkehr von innen nach außen.

Der zweite gute Griff ist der Umbau des Kaufhofs, des ehemaligen Centrum-Warenhauses und Platznachfolgers des kriegszertörten Kaufhauses Tietz. Keine einfache Erweiterung, sondern nichts weniger als die Einfügung des bis dahin lose herumliegenden Klotzes in den Stadtgrundriß. Zugleich eine

Ummantelung mit einer städtisch sprechenden Fassade. Es ist kaum zu glauben, was das, von welcher Seite man auch kommt, für die Wahrnehmung der Gebäudemasse selber und den Platz insgesamt ausmacht. Eine Ahnung des Möglichen vermittelt der Außenbau vor allem in der Dierksenstraße, dem bislang untergegangenen Straßenlauf zwischen Bahnhof Alexanderplatz einerseits und Behrens-Bauten und Kaufhof andererseits. Seit die Straßenbahn der Linie 1, aus der Prenzlauer Allee herabkommend, entlang der Südfassade des Kaufhauses in sie einfährt, ist die Dierksenstraße zum Versprechen geworden, daß der Platz wiederkommt. Dabei weiß man als flüchtiger Betrachter noch gar nicht, wie groß die Entsprechung im Inneren des Kaufhauses ausfällt, welche lichte, große, weltoffene Räumlichkeit der radikale Umbau durch Jan Kleihues* dort geschaffen hat.

Drittens entstand auf der Ostseite ein Neubau, das Saturn-Kaufhaus, der den Platz zur Grunerstraße hin abschirmt und damit nicht weniger als die Form des Platzes verändert. Auch dies, wie die Kaufhof-Erweiterung, ein Ergebnis des Wettbewerbs von 1993, gekürzt um das Hochhaus. Damit erhält der Alexanderplatz eine Begrenztheit, die nahezu mit der des alten Alexanderplatzes der Jahrhundertwende und der frühen zwanziger Jahre übereinkommt. Hier entsteht also echter Platzraum. Man konnte ihn 2009, als ein Jahr lang die großartige Ausstellung zur friedlichen Revolution von 1989 die östliche Platzhälfte füllte, sogar als einen von Käufermassen unabhängigen Raum erleben.

Die Wiederkehr des begrenzten Platzraumes könnte im Ergebnis allerdings ziemlich kurzatmig bleiben. Denn diese Lösung hat einen gewaltigen Pferdefuß: Sie bestätigt im Namen der Platzästhetik die von der DDR-Planung überkommenen Abspaltungen - statt sie rückgängig zu machen. Dahinter bleiben die mörderischen Verkehrstrassen die, die sie waren. Der oberirdische Parkplatz Memhardtstraße ist weg, dafür entstand die funktional wie stadträumlich gleich sinnlose Fläche über der neuen Tiefgarage. Vom Alex als Mutter und Ausgangspunkt aller großen Straßen des Nordens und Nordostens ist keine Rede. Da steht man also noch immer, und auf lange Zeit, diesseits der Schwelle zu einer Rückgewinnung des umgebenden Stadtraumes für städtische Zivilisation. Im Grunde darf der Alex gar nicht zum Stillstand kommen. Massenhafte Benutzung, gefühlter Mangel und die Gewalt sich ändernder Verhältnisse mögen ihn weiter in Bewegung halten. Bisher hat er ja allen Veredelungen widerstanden. Den Umbau zur Zitadelle des großen Geldes hat er schon hinter sich: Hier residiert heute und in aller Zukunft kein internationales Kapital – hier kauft der Osten. Und dies massenhaft. Das also ist der Nachwendeplatz und wird er wohl bleiben: von Magneten umstellt, ein Vorplatz der Verkehrs- und Handelstore, welche unentwegt Menschen einsaugen und ausspucken, dazwischen Ruhezonen der Currywurst, Straßenbahnen, Mannschaftswagen der Polizei, Taschendiebe, Radfahrer, ambulante Händler, *outdrops*, ein Platz auch, auf dem man sich nachts nicht unbedingt blicken lassen sollte. Das wissen die Jugendlichen, die dort Geld, Jacke oder Handy einbüßten.

Stadtbahn

Für Reisen nach Berlin gab es, wo immer man in Deutschland seine Fahrkarte kaufte, früher nur eine Zielangabe: *Berlin Stadtbahn*. Die Stadtbahn reicht vom Bahnhof Charlottenburg bis zum Ostbahnhof. Daß man als Westberliner, wenn nicht schon in Wannsee, dann ja nur Bahnhof Zoo aussteigen konnte, war ohnehin klar. Auf dieser Strecke konnte man mit der Fernbahnkarte folglich auch seit jeher die S-Bahn benutzen, was Kopenhagen, als es sich nach Berliner Vorbild den *S-tog* zulegte, ebenfalls übernahm und bis heute festhält. Anders Berlin – die aus Frankfurt stammende, also westdeutsch denkende Bundesbahndirektion hat von alledem nichts begriffen.

So gibt es auch die Stadtbahn als Institution nicht mehr. Denn sie war mehr als eine Schienenstrecke. Der geniale Gedanke war, statt einen Hauptbahnhof zu bauen, eben diese Strecke, mit ihren Haltepunkten Charlottenburg, Zoo, Lehrter Bahnhof, Friedrichstraße, Ostbahnhof, insgesamt zum Hauptbahnhof zu machen, gleichsam antimonarchisch. Das ging rund 130 Jahre gut und überstand die deutsche Teilung, aber nicht den Ehrgeiz der neuen Bahn-AG.

In den siebziger Jahren hätte sich das noch keiner vorstellen mögen. Nicht nur, weil diese Auflösung des zentralen Subjekts perfekt den subjektflüchtigen Stimmungen jener Zeit und den sie anfachenden Texten des Merve-Verlags* entsprach. Damals war die Stadtbahn der innerstädtisch sichtbare Beweis dafür, daß Westberlin an die übrige westliche Welt noch angeschlossen war, wenn auch nur über den engen Tunnel des Interzonenverkehrs und seiner betriebsbedingten Langsamkeiten. Das Geräusch der Taigatrommel durchzog die Stadt der Länge nach: der unschlagbaren sowjetischen Diesellok, die auch noch nach der Wende lange in Betrieb blieb, weil sie bei jeder Kälte ansprang. Am prominentesten der Zug von Moskau nach Paris und umgekehrt.

Nicht, daß unter den westberliner Intellektuellen alle nach Moskau wollten. Aber so mancher nach Paris. Ein Haus am Stuttgarter Platz: Wir sprachen über dies und das, es war Sommer, die Fenster auf Platz und Stadtbahn offen. Unvermittelt unterbrach sich Andreas Reidemeister*, horchte: das ist der Zug nach Paris. Es schwang eine ungeheure Sehnsucht mit. Ich hatte damals eine Liebe in Dänemark, mein Augenmerk war also sehr viel mehr noch auf die roten Züge der dänischen Staatsbahnen gerichtet, die, vom Kopenhagener Hauptbahnhof kommend, mit der Fähre von Gedser nach Warnemünde übergesetzt waren und, über die Nordostumgehung von Osten her in die Stadtbahn eingefädelt, auf der Brücke über die Straße des 17. Juni, also mitten in Westberlin, ihren Punkt der schönsten Sichtbarkeit erreichten, bevor sie in den Bahnhof Zoo einliefen.

Es gibt sie noch, die Stadtbahn. Aber nach der Wende wurde realisiert, was schon 1910 geplant und dann auch Teil der Speer-Planung* gewesen war, die Nordsüd-Verbindung mit dem großen Kreuzungsbahnhof an der Stelle des alten Lehrter Bahnhofs. Seit in den sechziger Jahren vorigen Jahrhunderts all die zerbombten Kopfbahnhöfe abgerissen worden waren – Anhalter, Potsdamer, Lehrter, Stettiner, Görlitzer Bahnhof –, war sie die Berliner Bahn schlechthin, ein trotz DDR-Besitz und -Trägerschaft, trotz Grenze und Grenzkontrollen, trotz gescheiterter und einmal auch geglückter eisenbahnerischer Fluchtversuche unbestrittener reichsdeutscher Alleinvertretungsanspruch. Damit war es jetzt aus. Und mit guten Gründen – insofern kein Grund zu Trauer.

Erst einmal aber mußte die Stadtbahn für die neuen Zuggewichte ertüchtigt werden, ein über viele Jahre sich hinziehender Bauprozeß, der das Einsteigen und Abfahren an alle möglichen Stadtränder verlegte und insgesamt erheblich länger dauerte als der Bau der Bahn im 19. Jahrhundert. Als die ersehnte Brückenkonstruktion des Ingenieurbüros Schlaich* zwischen Charité und Moabiter Werder glücklich stand und das Kernstück wieder benutzbar war, befuhren fast alle Fernzüge die Strecke: vorerst. Die Stadtbahn wurde zum Laufsteg der modernen Züge. Das Bild der Innenstadt ist seitdem nicht mehr ohne das bunte Defilee der Züge zu denken. An allen offenen Stellen sieht man sie sich vorbeischieben, hinter Straßenblöcken auftauchen, über Spree- und Kanalbrücken ziehen und in Richtung Rummelsburg oder Grunewald entschwinden: die roten Regionalzüge, die Eurocities aus Prag, die Züge aus Warschau und Budapest, der EuroNight aus Zürich, die linear hindurch gleitenden ICEs, die trabantenhaft begleitenden S-Bahnen. Inzwischen wurde zwar der Nordsüd-Tunnel eröffnet, die Zuglinien sind seitdem neu verteilt, die Stadtbahn verlor, nach dem Bahnhof Friedrichsstraße, mit der Station Zoologischer Garten ihren zweitprominentesten Fernbahnhof. Dem ästhetischen Glanz der Stadtbahn schadet das nicht. Die Laufstegfunktion scheint krisenfest.

Darüber darf etwas anderes nicht übersehen werden: die Karriere des Unterbaus. Was wäre die Stadtbahn ohne ihren Steg, den massiven gemauerten Unterbau und seine stadtbildprägenden, in immer gleichem Maß aufgereihten Öffnungen, die Stadtbahnbögen. Ursprünglich tatsächlich offen, wurden sie im Lauf der Jahrzehnte mit Wänden versehen und zu den unterschiedlichsten Zwecken vermietet. Autoreparaturwerkstätten waren in der Nachkriegszeit die häufigsten Nutzer, hier und da eine Kneipe, im übrigen viel Leerstand und Verfall.

Seit der Wende haben die Stadtbögen nun aber, zentral gelegen wie sie sind, eine neue Karriere angefangen. Sie sind damit geradezu zu einem Wasserstandsanzeiger der Revitalisierung der östlichen Innenstadt geworden. Wo immer städtisches Leben wieder Fuß faßt, öffnen sich die Bögen, erhalten sie gläserne Wände und werden zu Lokalen aller Art, so zwischen Friedrichstraße und Bodemuseum, am Hackeschen Markt und neuerdings sogar zwischen Alexanderplatz und Jannowitzbrücke. Die Stadtbahn wird wieder ganz und gar Stadt.

Der S-Bahn-Ring

Berlin schritt nach der Wende, was die S-Bahn angeht, allein dadurch voran, daß es zum Vorkriegssystem zurückkehrte. Das ist noch nicht einmal überall erreicht, so steht noch der S-Bahn-Anschluß von Falkensee aus, die Wiederherstellung der Bahn nach Stahnsdorf, die Zweigleisigkeit der Strecke nach Hennigsdorf und ihre Fortführung nach Velten … Aber das große Zeichen der Wiederkehr war natürlich die Wiederherstellung des Ringes bis 2002.

Der Ring ist nicht irgendeine Strecke, nicht die soundsovielte *circle line* auf der Welt. Entstanden als Militärbahn: um Truppen möglichst schnell von Kopfbahnhof zu Kopfbahnhof transportieren zu können, wurde sie schnell zu einer Personenbahn, dann zum Kernstück der S-Bahn, usw. Seit 2006 funktioniert auch wieder das Verkehrsgeheimnis des Ringes, der Vollring: in ein und demselben Wagon einmal um die Stadt, in 60 Minuten wieder am Ausgangspunkt, der vollendete Kreislauf.

Alles das kann man besser bei Wikipedia nachlesen. Im übrigen heißt es: nicht spazieren gehen, sondern Ring fahren. Sich fahren lassen und schauen. Man sieht die Stadt nicht eigentlich von hinten, ein Blick hinter die Straßenkulissen, den auch die Stadtbahn oder, teilweise, die Nord-Süd-Strecken erlauben. Man sieht sie gleichsam von außen, man sieht die großen, im 19. Jahrhundert angelegten und dann immer weiter ausgebauten Infrastrukturen der Stadt, Häfen, Kraftwerke, die Verdoppelung zum Stadtautobahnring, man erlebt den rasanten Wechsel der Fahrgastströme, den Umschlag von Gedrängel zu Ruhe und wieder zurück.

Denn das ist seine eigentliche und eigentümliche stadtproduktive Kraft und Stärke: Der S-Bahn-Ring ist seit den siebziger Jahren des 19. Jahrhunderts die Stadtmauer von Kern-Berlin. Sie vereinigte Berlin mit Charlottenburg, und damit entstand die Form des Hundekopfes: Sie wurde zur Form der Berliner Innenstadt. Bis heute ist das ein festes Gerüst der Stadtplanung und ihres Baurechts. Das Berlin innerhalb des Ringes ist das fünfgeschossige Berlin, das der Bauordnungen von 1887 und 1897, heute der sechs- bis siebengeschossigen Mieterstadt. Jenseits des Ringes beginnen die niedriger gebauten Vorstädte, die Siedlungen der Zwanziger Jahre, die Vororte mit offener Bebauung und Zweigeschossigkeit, die Großsiedlungen der sechziger bis achtziger Jahre. Der Ring scheidet, anders gesagt (mit Ausnahmen im Norden: Wedding und Prenzlauer Berg) Zentrum und Peripherie.

Straßenbahn

Eines der größten Geschenke der Vereinigung an West- und Neuberliner ist das Straßenbahnfahren. In Westberlin war die Straßenbahn Ende der fünfziger Jahre abgeschafft worden. Es war die Zeit des größten Autowahns. Aus Bonn kam Geld, um Stadtautobahnen und U-Bahnlinien zu bauen. Anders im Ostteil. Da vertrieb man sie zwar größtenteils aus dem historischen Zentrum, doch hatte man nie das Geld, um den U-Bahnbau fortzusetzen, späte Ausnahme die Linie nach Hellersdorf, die etwa so abwegig ist wie die in den zwanziger Jahren nach Krumme Lanke. So behielt weitgehend die Straßenbahn die Aufgabe, die Peripherie zu erschließen. Allein acht Linie kämpften sich Tag für Tag nach Marzahn durch, vier auf der Landsberger Allee, vier auf der Allee der Kosmonauten; sieben Linien versorgten, statt der ewig geplanten, nie gebauten U-Bahn, Weißensee, weitere sieben erschlossen die Neubaugebiete von Hohenschönhausen. Ein autonomes Straßenbahnsystem gab es im Südosten, mit Köpenick als Mittelpunkt.

Eine Wiederkehr im Westen schlossen die Verkehrsplaner nach der Wende zunächst aus. Es waren die Grünen, die als erste erkannten, welcher Schatz da vor der Türe lag und daß man damit eine Alternative zum U-Bahnbau hatte, Grund genug, die Verlängerung bestehender Linien in den Westen zu fordern. Und es waren die jungen unter den Neuberlinern, welche den Erlebniswert des Straßenbahnfahrens entdeckten. Tatsächlich, wie hautnah streift man, verglichen mit U- und S-Bahn, auf diese Weise die Stadt, wie behaglich gleitet man, verglichen mit rüttelnden Bussen, durch die Straßen. Den Ostberlinern mußte man das natürlich nicht erst beibringen, sie halten sowieso zur Tram, ob die alten, hervorragend designten tschechischen Tatra-Wagen oder die neue Niederflurbahn. Noch kürzlich, kaum kam die Linie 1 endlich am Bahnhof Alexanderplatz an, verdoppelte sich fast das Fahrgastaufkommen.

Mühselig aber ist das Geschäft der Vereinigung. Was wäre sinnvoller, als die an der ehemaligen Grenze endenden Linie in den Westen zu verlängern. Diese Verbindungen hat es natürlich schon einmal gegeben. Wer die alten Pharus-Pläne, alt oder als Nachdruck, zur Hand hat, kann sich darüber Klarheit verschaffen. Im Norden immerhin glückte es erst einmal.

Berlin hat ja erst spät, nach 1750, zu Großstadtwachstum angesetzt. Was anderswo die Boulevards oder Gürtelstraßen von Zolltor zu Zolltor sind, liegt in Berlin zu weit innen, um die Stadtmasse des 19. Jahrhunderts organisieren zu können, und die jüngeren Ringstraßen brechen irgendwo ab. So auch der machtvolle nördliche Ring aus Seestraße, Osloer, Bornholmer, Wisbyer und Ostseestraße, der schließlich im Nordosten mit der Michelangelo-Straße – ausgerechnet unter diesem Namen – im Nirgendwo versackt.

Aber auch so war das stets genug Strecke für eine stadtverbindende Ringlinie. Die ostberliner Linie 23 endete nur lange Zeit mauerbedingt an der Böse-, der Grenzbrücke, ohne Zugang zum S-Bahnhof Bornholmer Straße. Seit 1995 fährt sie wieder, heute M 13, in der Bornholmer Straße Anlauf nehmend, über die Bösebrücke und zweigleisig die Osloer und Seestraße entlang, Endpunkt am Virchow-Krankenhaus, also an der Grenze vom Wedding nach Charlottenburg Nord. Immerhin, wenn auch nur ein Fragment, verglichen mit dem, was einmal Standard war: sieben Ringlinien gab es in der Innenstadt vor 1945. Die Linie 8, auf eben der Trasse Bornholmer-, Osloer-, Seestraße, verkehrte seit 1928, sie begann am Görlitzer Bahnhof und endete am Bärwaldbad, verband also, über den Umweg nach Norden um fast die ganze Innenstadt mit einem äußersten westlichen Haltepunkt auf dem Mierendorfplatz, auch Kreuzberg mit Kreuzberg.

Nun zur Metrolinie 10, der bisherigen Linie 20. Sie fährt auf der kleineren, innenstadtnäheren, zugleich nach Osten verschobenen Ringstraße von der Oberbaumbrücke in einem

Viertelkreis über Warschauer, Petersburger, Danziger, Eberswalder und Bernauer Straße zum Nordbahnhof. Die M 10 wäre also eigentlich erst recht zu einer Klammer zwischen Osten und Westen der Stadt berufen. Aber die geplante Verlängerung vom Hochbahnhof Warschauer Straße, über die Oberbaumbrücke hinweg nach Süden bis zum Hermannplatz scheiterte am Widerstand der Kreuzberger Kiezmentalitäten. Und nach Westen? Da endete sie zu DDR-Zeiten an der Staatsgrenze, Eberswalder Straße. Inzwischen erreicht sie auf nagelneuen Gleisen auch wieder den Nordbahnhof. Dort aber scheiterte sie lange am Mißgeschick der Planer, drei vier Meter bevor sie in die Invalidenstraße und die bestehenden Gleise Linie 12 einbiegen könnte.

Natürlich sollte sie längst weiter und im Westen angekommen sein. Bei Fertigstellung des Hauptbahnhofs hätte auch sie dort ankommen sollen, um diesem ein Minimum an seriösem verkehrlichen Anschluß zu verschaffen. Die Senatsverwaltung verfing sich aber einmal mehr im Widerstreit gegenläufiger Ziele.

Stadtentwicklung und Verkehrsplanung arbeiten ja nicht, wie der Laie annehmen möchte, Hand in Hand, sondern grundsätzlich gegeneinander. Die eine Hand will den ÖPNV* voranbringen, die andere hört nicht auf, den Individualverkehr zu optimieren. Wie immer flüchtete man in einen Kompromiß und verband im Planungsverfahren Verbreiterung der Invalidenstraße und Wiederherstellung der Straßenbahn zwischen Chausseestraße und Lehrter Bahnhof. Da hatte man aber nicht mit den selbstbewußten neuberliner Anwohnern gerechnet. Die hatten nichts gegen die Straßenbahn, sehr viel aber gegen den Straßenausbau, vor Gericht scheiterte also erst einmal mit dem Abgelehnten auch das Erwünschte. So plante man wieder, der fast schon greifbare Übertritt in den Westen verschob sich um Jahre. Der nächste Anlauf scheint jetzt zu gelingen, allerdings mit der Brechstange – gegen die Anwohner. Also am Ziel? Nicht einmal das – denn am Hauptbahnhof ist Berlin in Richtung Westen ja noch keineswegs zu Ende.

Verkehrswende?

Ja, es gibt ihn noch, den Großstadtverkehr. Die Stadtautobahn ist rappelvoll, einige der großen Ausfallstraßen, z. B. die Köpenicker Landstraße, sind für Nichtautofahrer die Hölle, respektable Dichten ergeben sich auf Tor- und Invaliden-, Prinzen-, Osloer bis Wisbyer Straße, manchmal, hier und da, sogar etwas Stau. Aber die Krisenzeichen sind nicht zu übersehen. Auf 1000 Einwohner kommen, neuesten Zählungen zufolge, nur noch etwas über 350 Autos, absolute Spitze in Deutschland. S-Bahn-Krise, Schläger auf U-Bahnhöfen, Aggressionen im Bus, alles das hindert nicht die zunehmende Benutzung der öffentlichen Verkehrsmittel, die Liebe zu S- und Straßenbahn.

Warum überhaupt noch das Auto? Weil Berlin gespalten ist: gespalten in Innenstadt und Periferie. Innerstädtisch braucht man eigentlich kein Auto. Parkplatzsuche ist lästig, lästig ist es auch, am Morgen sich erinnern zu müssen, in welcher Parklücke man am Vorabend das Fahrzeug abgestellt hat. Die Autofahrer dagegen wohnen mehrheitlich draußen, in der Berliner oder der Brandenburger Periferie. Sie fahren hinein, und daß das geht, sagt alles über die Berliner Verkehrsdichte.

Die Innenstadt allerdings spiegelt daraufhin die Innen-Außen-Spaltung, auf der einen Seite die großen Durchlaufkanäle, auf der anderen die mehr oder minder abgeschlossenen Kieznetze. Das soziale Bild ist allerdings komplizierter. An den großen Trassen wohnen die, die sich Besseres nicht leisten können; der Mittelstand wohnt im belebten, allenfalls von Schleichweglern heimgesuchten Kiez; in den ganz beruhigten Kiezen mit Moabiter Kissen*, unterbrochenen Straßen, Schachspieltischen und Sitzecken auf Straßenland ausgestattet, kampieren Migranten und Sozialfälle. In den bürgerlichen Viertel sind es dagegen die sich immer weiter ausbreitenden Parkzonen, die einer gehobenen Beruhigung zuarbeiten (abgesehen davon, daß sie den Bezirken vorrangig als Kassenfüller dienen). In Mitte

Nord hat man zudem den Straßenecken große Ohren vorgebaut, hinter denen dann die Parkplätze folgen. Die Ohren werden zu Schauplätzen der Nutzer und ersetzen Stadtplätze. Verkehrsberuhigend wirkt in den angesagten Kiezen immer mehr auch die bloße Belebtheit durch Touristen und Einwohner. Auf Friedrich- oder Oranienburger Straße: große Ruhe, von zehn Überquerungen mache ich als Radfahrer neun, ohne anhalten und warten zu müssen. Außerdem, mit oder ohne Konjunkturmaßnahmen, überall wird gebaut, aufgerissen, sind Straßenabschnitte für den Häuserbau gesperrt. In der gesamten Innenstadt, von Friedrichshain über Schöneberg und Moabit bis Halensee, ist die Verampelung perfekt und sorgt dafür, daß man auch bei ausreichend Straßenraum nicht zu schnell vorankommt. Für weitere Unterbrechungen des Verkehrsflusses sorgen, da, wo es sie erstens überhaupt und zweitens außerhalb eigener Trassenführung gibt, die Straßenbahnen. Und schließlich: eine eigene Form der Verkehrsberuhigung entwickelt das bundespolitische Berlin. Zentrale Achsen wie 17. Juni oder Karl-Liebknecht-Straße sind bei jeder passenden Gelegenheit gesperrt, ob nun hochrangige Politiker durch die Stadt fahren, Festivitäten die Straße beanspruchen oder Demonstrationen, Marathons, SkaterNights, Fahrrad- und Motorradralleys.

Dann sind da die Radfahrer. Ihre Zahl nimmt ständig zu. Daß sie schneller durch die Innenstadt hindurch kommen, weiß inzwischen jeder Autofahrer. Bevorzugt fährt man, jung wie man ist, nachts ohne Licht und zu jeder Tageszeit auf dem Bürgersteig, vor allem die Frauen, Fahrradkuriere sausen im Kamikazestil durch die Autoreihen und kennen keine roten Ampeln. Geführte Touristen auf Leihrädern sind unnachahmliche Hindernisse für den rollenden Autoverkehr, wo immer Mauerreste zu besichtigen sind. In Mitte gibt es Fahrradstraßen als Zufahrtswege der Studenten zur Humboldt Uni, auf der Karl-Marx-Allee pendeln sie in Trauben zwischen Friedrichshain und Uni. Kamikazefahrer schneiden unbekümmert um

Ampeln und Verkehrsrichtungen quer über die Kreuzungen, zehnmal schneller als die Abstellbügel, welche die Bezirke aufstellen, wachsen die Mengen der abgestellten Fahrräder, dem organisierten Fahrraddiebstahl zum Trotz. Vor dem Hauptbahnhof, wo auf einen Bügel fünf Fahrräder kommen, sieht es inzwischen so aus wie vor dem Bahnhof in Münster.

Schließlich die Touristen. Gehen die Berliner zu Fuß? Man weiß es nicht, jedenfalls verlieren sie sich in den heißen Innenstadtzonen weitgehend in den Strömen der Besucher. Zwischen Brandenburger Tor und Schloßplatz habe ich regelmäßig das Gefühl, der Besucher sei ich, ein Fremdkörper in der Menge der Besucher, die, ihren Sehnsuchtsort begehend, die abwesenden Einheimischen komplett ersetzen. Aber da sind, zumindest in Mitte Nord und Prenzlauer Berg, die vielen Kinderwagen, die Kinderscharen, die morgens zur Kita gebracht und nachmittags abgeholt und auf die angesagten Spielplätze verteilt werden. Jedenfalls, wie immer die Verteilung tatsächlich aussehen mag und wie unterschiedlich die Dinge in den verschiedenen innerstädtischen Zonen zwischen West- und Ostkreuz liegen mögen, die Stadt wird begangen, und Macht und Selbstbewußtsein der Fußgänger haben zugenommen. Man wundert sich, wie viele Autofahrer einem als Fußgänger den Vortritt lassen, wieviel automobilisierte Höflichkeit es denn doch gibt.

Wie kommt es dann, daß es da, wo ich wohne, immer noch so laut ist? Offenbar braucht der Wandel seine Zeit, stellt die nächste Generation, die mehr von Reisen, Espresso und Internetkommunikation hält als von Autofahren, noch nicht die Mehrheit.

Die Wasserbusse sind noch fern

Die Kähne aus Breslau mit schlesischer Kohle werden immer seltener, die Schleppzüge, die einstmals Westberlin über die Havel mit Ruhrkohle oder Braunkohlen aus dem Aachener Revier versorgten, gibt es schon lange nicht mehr. Es ist fast schon ein Glücksfall, wenn man mal einen Lastkahn auf der Spree oder dem Spandauer Schiffahrtskanal sieht. Stattdessen hat seit der Wende im Bereich der Stadtmitte eine andere Schiffahrtsgattung den Fluß erobert, die Sightseeing-Schiffahrt. In immer dichterer Folge fahren jene Spreedampfer, die einst für die Sonntagsausflüge der Berliner da waren.

In der Stadtmitte transportieren sie heute bloß noch Touristen, nicht ohne sie mit lautstarken Stadterklärungen zu versorgen. Für den Berliner Verkehrsalltag ist das nichts – wer will diese Stadterklärungen mehr als einmal aushalten? Sollte das die ganze Zukunft von Stadt und Fluß sein? Es muß da doch auch etwas für die Einheimischen und ihren Alltag geben. Warum sollten auf der Spree keine Hamburger Barkassen verkehren können? Warum sollte es nicht möglich sein, wie auf dem Canale Grande, einen regelmäßigen Stadtverkehr mit festen Fahrzeiten und Haltestellen zu eröffnen, Hauptsache, man lernt es hierorts, so beiläufig wie dort anzulegen und wieder abzufahren, statt daraus jedes Mal ein nautische Manöver zu machen?

Diese Idee spukt seit Jahren in vielen Köpfen. Vor der Wende hat niemand daran gedacht. Seit aber Schaulust und Gefühlsbindung sich immer mehr auf das alte Zentrum zubewegen, seit es möglich ist, über neuen Geländern im alten Stil seinen Kopf in den Flußraum zu hängen und nach Schiffen Ausschau zu halten, und sei es die Wasserschutzpolizei, seitdem ist der Traum von einer Wasser-BVG-Verbindung zwischen mindestens Mühlendamm und Schloß Charlottenburg unaufhaltsam im Kommen.

Inzwischen gibt es Wassertaxis – eine Sache für wenige, die ohnehin nicht aufs Geld sehen müssen, nicht für die Normalberliner. Was fehlt, um einen Normalnahverkehr anzubieten, ist natürlich die zwingende Notwendigkeit. So muß man sich einstweilen mit der Möglichkeit begnügen. Vielleicht arbeitet dem ja auch noch der Klimawandel zu – es wird unwahrscheinlicher, daß ein öffentlicher Nahverkehr auf dem Wasser durch winterliches Zufrieren der Spree unterbrochen würde.

Mitte

Schiffslände

Man kommt als Sonntagsspazierer, im großen Pulk, von Moabit her das Spreeufer entlang oder in umgekehrter Richtung von der Jannowitzbrücke oder ist vielleicht von Süden her durch den Tiergarten gegangen und hat jetzt das Kanzleramt im Rücken. Oder, besser noch, man kam von Norden, vom Invalidenfriedhof, hatte eben noch bei Sarah Wiener, auf der Ladestraße am Schiffahrtskanal, einen Espresso getrunken und stieß entlang der Westfront der Charité ins Offene und Weite vor: Je weiter man ging, desto offener, heller und weiter wurde es, und dann hat man die Uferbankette der Spree erreicht und atmet tief durch. Ein Berlinpanorama entfaltet sich, Berlin aus der Ferne: links Charité, geradeaus das Fernsehberlin der Politik und, dahinter hochgezogen, Daimler-Sony-City, rechts die Moltkebrücke und das, was am Packhof blieb, jenseits von Brücke und Kanzleramt ahnt man Tiergarten und Siegessäule.

Man muß nun einfach nur am Hochufer stehen bleiben, die inszenierte Leere vor einem und die provisorische hinter einem auf sich beruhen lassen, und sich dem Raum hingeben, der, quer dazu, ein unerwartetes Theater aufmacht. Zweifach abgestuft, nach Osten wie Westen in Versprechungen auslaufend, die träumen machen, ist dieser offene Schauraum meine größte Überraschung am neuen Berlin, der sich suchenden Nachwendestadt. Der Fluß bricht gerade hier aus den engen Fassungen des historischen Zentrums aus und entfaltet, bevor er sich fast anonym in Richtung Spandau davon macht, ein überraschendes Maß an Sichtbarkeit und Souveränität. Gewiß nicht vergleichbar mit Themse, Seine, Maas, Rhein, Elbe oder Donau – aber immerhin mehr, als man dem brandenburgischen Binnenland zutraut.

Dieser Fluß ist eine Überraschung auch und gerade für den eingeborenen Berliner. Er wurde nicht geplant und nicht diskutiert, man hat ihn nicht einmal vermutet. Unerwartet stieg er aus den routinemäßigen Vorkehrungen der Wiederherstellung des Vorhandenen in dem Maße auf, wie die Reparatur der Ufer voranschritt.

Mehr als respektvolles Wiederherstellen war auch nicht nötig, die große Form war da. Sie war nur unter den Schichten von Zerstörung und behelfsmäßigem Gebrauch unleserlich geworden. Das Gebiet war allerdings auch ganz anders beschriftet gewesen, kein Gesellschafts-, sondern ein Wirtschaftsraum: der Hafen des dritten Berliner Packhofs, dessen Bau nötig geworden war, als man begann, den zweiten, von Schinkel geplanten, zugunsten des Ausbaus der Museumsinsel zu verlagern. Hier hatte also Schiff an Schiff gelegen. Übrig sind davon nur noch einige Ringe in der Böschung. Mit der Wiederherstellung der Details, der Reparatur und Ersetzung der zerschossenen Steine und eingeschmolzenen Geländer brach die darin angelegte großstädtische Dimension der Sache wieder durch, größer und weltläufiger, als sich die Bewohner der beiden Teilstädte bis dahin ihre Stadt überhaupt hatten vorstellen können. Die alte Stadt reckte sich unter ihren Zerstörungen und kam als neue wieder hervor.

Seitdem ist die Spree hier das ortsbeherrschende Ereignis. Man kann hingehen, wann man will: Zu allen Tages- und Jahreszeiten ist der neue Raum in Bewegung, ob im Sommer die touristischen Massen die Ladestraßen und Treppen bevölkern, auf den Rasenböschungen lagern, in den Liegestühlen der Strandbars lungern, oder im Winter die Unentwegten unter Touristen, Joggern und Verdauungsspazierern ihre Bahnen ziehen. Es ist zu jeder Tageszeit ein Raum zum Auf- wie Eintauchen, ob man morgens das Alleinsein genießt, ob man mittags die Sonne auf den hellen Steinbrüstungen einsaugt, ob man abends, auf einer Bank Posten beziehend, die Besichtigungsdampfer an sich vorbei gleiten läßt und beobachtet, wie sie hinter der Moltkebrücke am Haus der Kulturen der Welt anlegen oder weiter entfernt eine Kehre machen und zurückkommen, ob man nachts auf der Kronprinzenbrücke stehen bleibt und über dem Dunkel des Wassers in den Nachtraum aus Himmel, Wolken, Lichtern von Zügen, Parlamentsgebäuden, Autos und Straßenlaternen atmet – es ist ein Versprechen.

Es steckt mehr drin, heißt das, als die wirkliche Stadt derzeit geben kann. Hinter dem subjektiven Erlebnis steckt allemal ein größerer Atem, etwas Vereinigendes, was in dieser Form alle Parlaments- und sonstigen Gebäude der Regierung nicht aufbringen, eine Art demokratischen Enthusiasmus. Aus der Schiffslände der preußischen Zollverwaltung wurde, ich kann es nicht anders sagen, die Promenade des vereinigten Berlin, ein Gesellschaftsereignis.

Das Wort ist vermutlich nicht zu hoch gegriffen. Denn wo sind wir? Wir stehen inmitten einer historischen Schneise, der schlimmsten, welche die Geschichte überhaupt durch Berlin geschlagen hat. Hier, genauer, an dem Punkt, wo heute wieder eine Brücke über den Schiffahrtskanal führt, sollte vor 70 Jahren über der Spree, als Endpunkt der großen Nordsüd-Achse der Hauptstadt Germania, Hitlers Große Halle entstehen, ein Kuppelbau von barbarischen Ausmaßen, der all das, was jetzt noch als provisorische Leere erscheint, beherrscht oder bedeckt hätte.

Bis dahin hatte Berlin nur, wie Paris, die soziale Trennung zwischen proletarischem Osten und bürgerlichem Westen gekannt, eine Trennung, deren Verlauf weder linear noch überhaupt eindeutig war, nämlich mitten durchs Zentrum hindurch ging. Dann kam die Achsenplanung, die vorbereitenden Abrisse, dann Bombenkrieg, Mauer, Nachkriegsabriß, Rückzug der Teilstädte von der Bruchlinie, Verwahrlosung der Grenzlage. Eine Schneise von der Potsdamer Straße bis zum Humboldthafen. Von Abriß zu Abriß wuchs der Graben über Jahrzehnte weiter an, bis die riesige Brache da war, über die dann, nach der Wende, unvermittelt das große Bauen hereinbrach.

Nicht nur politisch, durch Sektorengrenze und Mauer, sondern auch stadträumlich war Berlin seitdem entlang dieser wie von einem Tornado gezogenen Spur der Verwüstung in Ost und West zerfallen. Nichts, was Westberlin in vierzig Jahren Bau- und Planungstätigkeit der Mauer und der geschaffenen Leere entgegenzusetzen versucht hat, konnte auch nur annähernd den Sog der Zerstörung zum Halten bringen, alles, was man baute, das Kulturforum, die Kongresshalle, der wiederhergestellte Reichstag, die Hallen von GrünBerlin am Friedrich-List-Ufer, versank darin. Die Brachen vor und hinter dem Bahnhof, die inszenierte Leere zwischen den Parlamentsgebäuden und Kanzleramt, die prominente Leere des Kulturforums zwischen Tiergarten und Potsdamer Brücke, noch sie sind Kinder der Zerstörungsspur und des Auseinanderfallens.

Was einst zusammen gehalten hatte, waren ja auch nicht einzelne Monumente gewesen, sondern die großbürgerlichen Stadtviertel, die für Hitlers Nord-Süd-Achse abgerissen wurden. Im Süden das deutsch-jüdische Viertel um Kemper- und Mathäikirchplatz, da haben auch Rodenberg und Hessel gewohnt; im Norden das preußisch-patriotische Alsenviertel. Diese Wohnviertel waren mehr gewesen als bloße Straßen, Gärten und Häuser: Sie waren sinnfällige Binder, die nicht nur im Räumlichen, sondern auch im Gesellschaftlichen eine Brücke bauten zwischen dem absteigenden alten Zentrum und dem modernen, neureichen Westen. Ihr Abbruch stand stellvertretend für den Untergang nicht nur des Stadtzusammenhangs, sondern auch seines Trägers, des Berliner Bürgertums.

Nun sind sicher auch Kanzleramt und Bahnhof Bausteine eines politischen Willens und erneuten Zusammenwachsens. Aber es sind Monumente, denen der Kitt städtischen Zusammenhangs fehlt, die Alltäglichkeit des Wohnens und Arbeitens der gemeinen Menschen. Davon ist bisher, was immer auf der

Speer'schen Vernichtungsschneise geplant wurde und wird, nicht die Rede. Das Zusammenwachsen ist zunächst bloß ein optischer Effekt. Weder die Flächen zwischen den Regierungsbauten, noch das entstehende Bahnhofsviertel zeigen auch Neigung, zu Sammlungsorten der vereinigten Stadt zu werden, dazu sind sie jeweils viel zu sehr in ihren eigenen besonderen Zweck vertieft. So fällt es ganz auf die Spreeszene zwischen Kronprinzenbrücke und Schloß Bellevue, solch ein Ort zu sein: das uneingelöste Versprechen einer Mitte.

Friedrichstraße

Da ist sie wieder, vielgescholten wie Helena. Sie ist wieder sie selber, und sie setzt sich durch. Die Friedrichstraße ist vermutlich das beste Beispiel für den ureigenen Weg der Berlinwerdung.

Wohlgemerkt, hier ist, erstens, von der Friedrichstraße auf ehemals ostberliner Gebiet die Rede. Die Straße hat ja südlich des Checkpoint Charly, auf ehemals westberliner Gebiet, noch einmal einen großen Auftritt mit der Kreuzung der Kochstraße. Dann aber verliert sie sich. Was folgt, zeigt die ganze Gleichgültigkeit, mit der dieser zentralste Teil Westberlins in den sechziger Jahren sich selbst überlassen wurde, und die wenigen, fast durchweg falsch gesetzten Interventionen der IBA* haben diesem unteren Teil der Straße mehr geschadet als geholfen. Sie hat ja jetzt nicht einmal mehr ein richtiges Ende. Lange war auch das nördliche Ende ausgeblendet, die Straße nördlich der Linden. Da ist sie Teil der Dorotheenstadt, und die beherrschende Überbrückung durch den Bahnhof Friedrichstraße ließ einen die Straße im Grunde vergessen zugunsten der Erfahrung des Knotenpunkts. Das ist in den letzten drei Jahren anders geworden. An der Weidendammer Brücke sind alle vier Ecken wieder bebaut, wie auch immer, westlich das vielumstrittene Hochhaus, welches eben die Stelle besetzt, wo in den zwanziger Jahren Mies sein berühmtes Hochhaus geplant hatte, östlich, wo bis vor kurzem nur der Admiralspalast stand, ist die Straßenfront wieder geschlossen. Südlich der Stadtbahn ging es schneller, hier ist es, nehmen wir's einmal an, wieder so lebendig wie in der verlorenen alten Zeit.

Trotz allem: Die klassische Friedrichstraße, das ist zweifellos das Teilstück zwischen Zimmerstraße und Linden. Man muß, um das kleine Wunder zu begreifen, sich die Ausgangslage klarmachen. Die DDR hatte die Straße die längste Zeit als die Grenzlinie betrachtet, jenseits derer, der Mauer und Westnähe wegen, Investitionen nicht nötig waren. Hier endete auch der Ausbau der Leipziger Straße. Nach Norden waren die einst so spektakulären Eckbauten weggebombt. Die beiden Eckhäuser nach Süden gab es noch, dahinter, ab der Krausenstraße, öffnete sich der Kahlschlag von Grenzkontrollanlagen und Übergang in den amerikanischen Sektor. Ging man von der Leipziger Straße in Richtung Linden, dann waren immer abwechselnd links oder rechts ganze Blöcke nur noch Brachfläche, aus denen einzelne Gebäude oder Gebäudereste ragten.

Erst in den allerletzten Jahren wurde der Wiederaufbau zum Staatsziel. Vor allem mußte die große Lücke auf der Ostseite geschlossen werden, die drei nahezu leeren Blöcke zwischen Mohren- und Französischer Straße einerseits, Friedrichstraße und Charlottenstraße / Gendarmenmarkt andererseits. Sie wurden also mit einem gewalttätigen durchgehenden Riegel in Plattenbauweise überbaut. Das sollten die Friedrichstadt-Arkaden werden, und es wurde an keinem Ornamentkitsch gespart, der sich dem System der dekorierten Platte abgewinnen ließ. Im ostberliner Volksmund hieß das Bauwerk treffend, nach dem Moskauer Bau im vorrevolutionären Volkstümlerstil, Kasachstaner Bahnhof.

Dann stürzte der Staat, bevor er das Schlüsselprojekt zum Ziel bringen konnte. Die Macht verlagerte sich in die Lücke zwischen West- und Oststadt, die volkseigenen Flächen der Friedrichstadt wurden verkäuflich, und in den ersten zwei Jahren der Nachwendezeit stürzte sich ein Heuschreckenschwarm internationaler Anleger auf diese Grundstücke, je mehr und je größer, desto besser. So besonders auf den unvollendeten Arkadenbau. Der Weg des Investitionsvorrangverfahrens erlaubte es, unmittelbar volkseigenen in privaten Boden, DDR-Planungsmodule in westliches Baurecht zu überführen. Immerhin wurde der Arkadenkomplex im Rahmen des Bieterverfahrens nicht insgesamt, sondern blockweise verkauft, an jeweils eine Investorengruppe, so daß wenigstens die unterschiedlichen Architekturen von Nouvel, Pei / Cobb / Freed und Ungers* zum Zuge kamen.

Schon der Verzicht auf die Überbauung von Jäger- und Taubenstraße war keineswegs ausgemacht. Erst der nachträglich hinzukommende neue Senatsbaudirektor sicherte, daß die geplante Passage nur unterhalb des Straßenniveaus gebaut werden durfte. Die damals gezahlten fantasievollen Bodenpreise drücken sich dagegen für immer in der hundertprozentigen Überbauung der drei Blöcke und dem völligen Verzicht auf Parzellierung oder Segmentierung der Neubaumasse aus. Und auch sonst waren es Großkomplexe, welche die Baulücken auffüllten. Zu viel fehlgeleitetes Bankenkapital – das meiste versackte in den jeweiligen Unternehmungen und brach mindestens einer Großbank sogar den Hals –, zu spekulative Bodenpreise, zu schnell gefaßte, zu weit globalisierte, abgeschliffene Nutzungsvorstellungen, zu hohe Kaufkrafterwartungen, zu wenig Platz für Normalität, für kleinere und lokalere Interventionen. Das wenige, was man an historischer Bausubstanz vorfand, blieb nur stehen, weil und wo die Denkmalpflege sich durchsetzte. Abgerissen wurde trotzdem erheblich mehr, als vertretbar war.

Trotzdem ist daraus nicht einfach bloß eine Neubaustraße geworden, und schon gar nicht irgendeine Straße. Man weiß sofort, wo man ist – das ist nicht Düsseldorf, nicht Köln, nicht Frankfurt, nicht Stuttgart, allein schon deshalb nicht, weil das krachende Durcheinander fehlt, was die Kernzonen der Sechziger- bis Achtzigerjahre-Prosperität quer durch Westdeutschland auszeichnet. Und doch gibt es nur noch wenige Altbauten, die den Rhythmus des barocken Planungsbildes mit seinen schlanken, tiefen Parzellen festgehalten haben. Die überwiegende Masse der links und rechts den Korridor bildenden Bausubstanz besteht aus massigen, in sich nicht oder nur ganz oberflächlich gegliederten Gebäudekomplexen, darunter auch die blockumgreifenden Anlagen aus der NS-Zeit und der DDR, nicht nur die Investments des Nachwende-Booms. Der Broadway ist ungleich feiner gegliedert – ein fairer Vergleich, denn nach Blockform, Parzellierungstechnik und Grundstückgröße ähneln sich kaum noch zwei Stadtanlagen so wie das ältere Manhattan und die innere Friedrichstadt.

Was ist es dann, was das Disparate dennoch zu einer unverwechselbaren Individualität zusammenzieht? Das ist, trotz der visuellen Prägnanz des Straßenbildes, nicht so einfach zu sagen. Es gibt natürlich einen genau genug benennbaren Grund: Historische Fluchtlinien und beschichtete Oberflächen fallen, anders als etwa an der Hamburger Ost-West-Straße, nicht brutal auseinander. Dadurch, dass sie übereinstimmen, unterbleibt der kategoriale Bruch, der z. B. zwischen altem und neuem Alexanderplatz oder altem und neuem Hansa-Viertel liegt. Auch wer keine Fotos im Kopf hat, kann in die neue Friedrichstraße eine Erinnerung der alten eintragen. Heutige Realität und historisches Erinnerungsbild finden zusammen – ein für Berlin untypischer Fall, der aber hoffentlich Schule macht.

Das zweite ist die Gerade. Man vergleiche das mit der Maximilianstraße in München oder der Königsstraße in Düsseldorf. Das gute Jahrhundert, welches die Friedrichstraße ihnen voraus hat, zeigt sich in der Fähigkeit zum Süchtigmachen. Die Friedrichstraße ist noch keine große Achse, sie sprengt das Raster der Friedrichstadt an keiner Stelle, und so kommt das Lineare, die virtuelle Unendlichkeit, voll zur Geltung. Was links und rechts steht, wird nicht extra ausgestellt. Es verschwindet in der Vorwärtsbewegung, in der Richtung des Pfeils, der Linie ins Unendliche. Das ist die Magie der barocken Achse, wir kennen das vom römischen Corso, von der Via del Po in Turin.

Das Beste, was man demnach sagen kann, ist doch wohl, daß die Friedrichstraße wieder wie die Friedrichstraße aussieht. So ergibt sich nachgerade Stimmung, wirkt der Sog – der Grund, weshalb, trotz jahrelanger Verteufelung im Feuilleton, die Touristen längst mit den Füßen abgestimmt haben, zugunsten der Friedrichstraße. Das spricht für die ungeheure Kraft, die in der Substanz der zerstörten Stadt nach wie vor enthalten war und nur wieder freigesetzt werden muß.

Maßstäblichkeit

Maßstäblichkeit ist das Geheimnis der Baugeschichte und des Erhaltungskanons einer Stadt. Man mag sich die Haare raufen über die Mengen barocken Berlins, die nach 1870, dem Aufstieg zur Reichshauptstadt, abgerissen worden sind. Es gibt dafür eine erbarmungslose Logik: die, daß der Maßstab nicht stimmte. Das alles war zu klein, und selbst das, was nicht zu klein war, war zu eng, mit zu wenig Geld und zu wenig Verschwendung gebaut.

Wann hört eine Stadt auf, sich selber zu kannibalisieren? Wann wird nicht mehr alles, was abreißbar ist, abgerissen? Die kunstgeschichtliche Antwort darauf ist: Dann, wenn sie sich selber klassisch geworden ist. Dann ist alles so, wie es sein soll, und Neues stört. Berlin erreichte diesen Zustand um 1900, mit den Stilformen und Dimensionen der Frühmoderne. Die Moderne bereits hätte sich in diesen Maßstab einfügen können, wenn sie nicht überhaupt das Problem aus den Augen verloren hätte, um an die Auflösung der Stadt zu gehen.

Eine offenere Antwort, eine, die auch für Veränderung die Tür offen läßt, ist diese: Dann, wenn sie den ihrem Selbstbild gemäßen Maßstab erreicht hat. Größensteigerungen werden dann zu Abenteuern, die sich wirtschaftlich auf die Dauer nicht rechnen.

Das heutige Berlin hat gerade erst den Maßstab der Stadt um 1900 wieder entdeckt und in Geltung gesetzt. Die Wiederkehr des alten Maßstabs ist zum Maßstab der neuen, der erst wieder zu bauenden Stadt von heute geworden. In einer um 1900 noch nicht vorstellbaren grausamen Konsequenz: Was von kleinerem Maßstab war, ist zerbombt oder abgerissen, was, in den sechziger Jahren, außerhalb dieses Maßstabs auftrat, lebt gefährlich, siehe Palast der Republik, Friedrichstadtpassagen, Kreisel und ICC.

Unter den Linden Ecke Friedrichstraße

Nur eine Kreuzung scheinbar, bei genauerem Hinsehen aber ein Lehrstück über Stadtreparatur und Ost-West-Auseinandersetzung, über Moderne und historischen Stadtgrundriß, über Nostalgie und Schönheit des Stadtraums.

Wo sind wir? Unter dem Anschein der Banalität, was für eine verzwickte Lage. Nur eines steht fest, wenigstens bevor der U-Bahn-Bau der Linie 5 nicht auch noch den Untergrund wegschaufelt: Hier ist der historische Nullpunkt, von dem aus Entfernungen von Berlin nach X und von Y nach Berlin bemessen werden, Stadtmitte. Das wenigstens.

Aber worauf kann man sich sonst an dieser Ecke verlassen? Eigentlich nur auf die Straßenbreite der Linden. Sie blieb unverändert. Alles andere, was alte oder nachgedruckte Postkarten zeigen, ist weg, das Café Bauer so gut wie die Kranzlerecke und die Passage. Was die heutigen Eckgebäude betrifft, so sind drei von vier Ecken Nachkriegsproduktion, die vierte aus den dreißiger Jahren. Es ist also gar nicht so einfach, die historische Ecke wiederzufinden. Kaum etwas vertritt hier das, was einmal war.

Was man nicht sieht und kaum einer weiß: Der eigentliche Gegenstand aller Streitigkeiten um Eckbebauungen an dieser Kreuzung ist das ganz große Projekt der Stunde Null, Berlin in eine autogerechte Bandstadt zu verwandeln. Der Verkehrsplan des Scharoun-Kollektivs* schwebte nicht bloß abstrakt über der Stadt, hier, gerade auch hier hat er die Partitur vorgegeben. Der Plan von Peter Friedrich* sah auf der Achse der gesamten Friedrichstraße eine 60 Meter breite, das gesamte Historische Zentrum aufspaltende Nord-Süd-Trasse vor.

Das einzige stehen gebliebene Haus an der Kreuzung war nun, auf der Nordwestecke, das Haus der Schweiz. So ließ man die Westseite der Friedrichstraße hier, wo sie war, und plante die Schnellstraßentrasse davor. Das Hotel Unter den Linden baute man entsprechend zurückgesetzt, und da schon die Häuser an der Mittelstraße stehen blieben – heute ist dort das Kaufhaus Dussmann –, entstand ein kleiner Platz. Die Schnellstraße wurde aber nie verwirklicht, man hätte dazu die ganze Ostseite der Friedrichstraße abreißen müssen. Das wiederholte man dann auf der Südseite bei Errichtung des Caféhauses Lindencorso. Was so entstand, wurde dann gewissermaßen zum Bürgerforum der DDR, zwei beschauliche Plätze der Nutzer, Käufer, Kaffeetrinker und nicht des Staates. Die gegenüberliegende Südwestecke blieb lange unbebaut, erst in den letzten Jahren der DDR wuchtete man dort das Grand Hotel hin, ein finsterer postmoderner Großtafelbau, mit seinen internen Geschmacklosigkeiten aber durchaus international konkurrenzfähig, so daß er nach der Wende ohne Problem zum heutigen Grand Westin mutieren konnte.

Diese Lage der Dinge führte nach der Wende zum Konflikt. Die Planer hatten etwas Neues entstehen lassen, damit aber auch historische Zusammenhänge beseitigt, die weit über die bloße Situation Unter den Linden hinausgingen. Wir befinden uns hier ja, historisch gesehen, nicht in der Friedrichstadt, sondern in der etwas älteren barocken Stadtanlage der Dorotheenstadt. Die Neuordnung hatte gerade jene Eigenheiten zum Verschwinden gebracht, welche zuvor die Zugehörigkeit der Südseite der Linden zur Dorotheenstadt anzeigten – die Friedrichstadt beginnt ja erst jenseits der Behrenstrasse, und ab da hatte die Friedrichstraße schon immer, wie auch alle anderen Straßen der Friedrichstadt, eine Straßenbreite von 22 Metern.

In der Dorotheenstadt betrug die Breite der Friedrichstraße dagegen nur 16 Meter. Der Gegensatz von Schlankheit der kreuzenden Friedrichstraße und Alleenbreite der Linden, genau das machte einst den Charme der Kreuzungssituation aus.

Schon beim Bau des Grand Hotel war dessen Front aber auf die Fluchtlinie der Friedrichstädter Friedrichstraße zurückgenommen worden, und als nach der Wende das Lindencorso abgerissen und durch das heutige Monstrum gleichen Namens ersetzt wurde, ging man auch nicht auf die alte Baufluchtlinie zurück, sondern übernahm hier ebenfalls die der südlichen Friedrichstraße. So ist, statt des aufgegebenen kleinen Platzes der DDR, nur eine Dutzendecke entstanden. Der Effekt, aus der schmalen Friedrichstraße in die Weite der Linden vorzustoßen, ist so für alle Zeit vertan.

Auf der Nordseite war aber schon kurz nach der Wende über einen Strukturplan der historische Grundriß der Dorotheenstadt gesichert worden, und seit Dussmann auf dieser Linie sein Kulturkaufhaus gebaut hatte, gab es hier das Präzedenz der verschmälerten Straße. Der Stadtverkehr brach deshalb keineswegs zusammen. Es blieb jetzt nur noch, diese Bauflucht wieder bis zu den Linden heranzuführen. Daran entzündete sich ein langer Streit mit dem Bezirk Mitte. Der vertrat hier gleichsam die Erinnerungen jener DDR-Intellektuelle, denen die beiden kleinen Plätze als Reliquien einer Nische im realsozialistischen Staatsgefüge lieb und teuer waren. In diesem Fall setzte sich dann doch einmal der Senat gegen den Bezirk durch – nicht aus Treue zu den eigenen Plänen oder gar aus Einsicht in den kulturellen Wert des historischen Stadtgrundrisses und dessen ästhetische Reize, sondern weil hier eine Menge Grund und Boden für einen sehr guten Preis zu verkaufen war – warum sollte man da nur die Hälfte nehmen, wenn man das Ganze haben konnte?

Der Neubau ist inzwischen da. Der alte Streit, was mehr

wiege – die Erinnerung an die DDR oder die strukturelle Wiederherstellung einer ins historische Bildbewußtsein der Deutschen eingegangenen Stadtecke, erübrigt sich. Worüber man jetzt streiten sollte, ist die großräumige Grundstückvergabe, ist der Umstand, daß es sich um eine zusammenhängende Maschine aus dem Büro GMP handelt, ferner, daß die Unterteilung in Abschnitte mit gesondert zuständigen Architekten nicht besonders weit über die Fassadengestaltung hinaus ging. Und streiten könnte man über die Arkaden an der Friedrichstraße, die den Maßstab eklatant verpassen und in ihrer Großspurigkeit unangenehm an Albert Speer erinnern.

Trotzdem, es gibt einen unzweifelhaften Gewinn. Der Stadtraum ist es. Die Prägnanz der Unterscheidung zwischen Friedrichstraße und Unter den Linden ist ebenso wieder da wie der Effekt des überraschten Auftauchens, der auf der Südseite verbaut wurde.

Muß man um den kleinen Platz vor dem Hotel Unter den Linden wirklich trauern? Solche als ausgesägte Ecken entstandenen Plätze sind stets Notlösungen. Ihnen fehlt das Gesammelte eines wirklichen Platzes, egal wie groß oder wie klein. Der Verzicht auf den Platz kommt aber zehnfach den Linden zu Gute. Die große Straße braucht die durchgehende Linie, die zu vielen Unterbrechungen – man denke an das bis heute ungestopfte Loch Glinkastraße – brachten sie ins Stolpern. Das ist jetzt anders – die Großform ist wieder einen Schritt weiter.

Lustgarten

War das nicht immer so? Nein, auch dieser Lustgarten ist neu. Fertigstellung: September 1999. Vorher war da ein ziemlich unangenehmer Platz für allerlei Aufmärsche, die karierte Pflasterung stammte aus der NS-Zeit. Aber der Wechsel zwischen Planierung und Wiederanlegung gehört zur Geschichte des Ortes. 1645 als barocker Garten mit Zier- und Nutzpflanzen angelegt, war er die meiste Zeit mehr oder minder brachgelegt. Aber ob Exerzierplatz, bewachte Wiese oder Aufmarschfläche, irgendwie schlug dann doch die Erstform wieder durch. Schinkels Lösung war eine Wiedererfindung des barocken Raumes im bürgerlichen Geiste. Der heutige Lustgarten ist eine moderne Wiedererfindung von Schinkels Lustgarten, zum dritten Mal die ornamentierte, um eine Fontäne zentrierte Fläche.

Das ist das eigentlich Bemerkenswerte. Es hat auch nach der Wende nicht an Versuchen gefehlt, einen ganz neuen, modernen Lustgarten zu formulieren. Nacheinander gingen zwei große Wettbewerbe den Bach hinunter. Der Preisträger des ersten, H. G. Merz, hatte es mit einer Archaisierung versucht: Trennung von der Straße und Sakralisierung zum Tempelvorplatz. Da hatte er nicht mit den Berlinern gerechnet. Der Preisträger des zweiten Wettbewerbs, Gustav Lange – er hatte zuvor den erstaunlichen Mauerpark an der Bernauer Straße gebaut – hatte sich in ein rokokohaftes Idyll verrannt, welches den Raum gleichsam privatisiert hätte, das Projekt scheiterte weniger an seinem Widersinn als den technischen Problemen, die es aufwarf. Eine Planung, den Schinkelzustand wiederherzustellen, gab es aber schon im Büro für Städtebau des ostberliner Magistrats.

Da steckt also eine Idee im Boden, die durch alle Planierungsschichten wieder durchbricht. Vom Berlin des Großen Kurfürsten ist kein Stein mehr da – nur dieser wiedergekommene Garten. Zugleich ist das die erfolgreichste Grünfläche im Zentrum. Man sehe sich dann zum Vergleich einmal den Invalidenpark an.

Friedrichswerder

Da sollte weiter Gras wachsen. Das war, nach der Wende, der Wunsch der westberliner Grünen und der ostberliner PDS, gewesener SED. Jetzt stehen dort rund fünfzig Stadthäuser, ein kleines Stadtviertel, Die Wüste lebt. Man braucht sich jetzt nur noch über Bestehendes zu streiten: angenehme Dichte versus Verschattung, mangelnde Einheitlichkeit oder zu große Konformität der Architektur, zu hohe Preise und zu elitäre Bewohner, usw.

Nutzanwendung 1: Man gehe zum Molkenmarkt. Kaum jemand weiß heute, wo der ist. Beziehungsweise einmal war: Mühlendamm Kreuzung Spandauer/Stralauer Straße, Beginn der Grunerstraße. Auch das noch dürfte dem einen oder anderen nicht viel sagen: Es gibt kein unbekannteres Terrain als dieses, über das täglich der Ost-West-Verkehr hinwegrollt. Trotzdem, auch hier wird wieder ein Stadtviertel entstehen. Der Friedrichswerder sagt: Es geht. Dabei war der Friedrichswerder bloß die älteste Neustadt, bzw. der erste Baustein für den Aufstieg Berlins nach dem Dreißigjährigen Krieg zur Residenz- und dann zur Großstadt. Der Molkenmarkt ist nicht weniger als die Urzelle der Stadt. Dort siedelten die allerersten Kaufleute, Jahrzehnte vor der Stadtgründung. Dann war dort der Marktplatz der Rechtsstadt des 13. Jahrhunderts um St. Nikolai.

Nutzanwendung 2: Wer baut die Stadt? In Ostberlin gab es im Zentrum keine privaten Bauherren, alles war Staat oder staatlich gelenkt. In Westberlin war mit dem sozialen Wohnungsbau immerhin der größte Brocken Landessache. Daß einzelne Bürger die Stadt bauen und der Staat bloß den Planrahmen setzt, galt als überholte Vorgeschichte. Der Friedrichswerder ist der erste Stadtteil seit 1945, der wieder von unabhängigen individuellen Bauherren errichtet worden ist, nach vorgegebener öffentlicher Planung. Jeder Bauherr hat einen Architekten seiner Wahl beauftragt. Vorangehende Versuche der Bauverwaltung, mit Investoren zu arbeiten und architektonische Einheitlichkeit vorzuschreiben, schlugen fehl. Und nun? Man lacht und schreit vor Vergnügen: Alles, was sich Bauherren wie Architekten an moderner oder historisierender Architektur vorstellen können, gekonnt wie mißlungen, ist hier in kleinstem Format, auf engstem Raum aneinandergerückt. Zeit, Wind und Wetter werden vieles ausgleichen, aber schon heute, brandneu, ist das kein höllisches Durcheinander, sondern, wenngleich unter recht abgehobenen Bedingungen des Zugangs und der Zahlungsfähigkeit, ein Fest stadttragender Individualisierung.

Nachtrag: Der Friedrichswerder wurde zu DDR-Zeiten freigeräumt nicht der Parkplätze wegen, sondern um vor dem ZK der SED ein sicherheitstechnisches Glacis anzulegen. Was zu DDR-Zeiten ZK war, ist jetzt Auswärtiges Amt. Auch dieses wollte seinen Sicherheitsabstand. Und so gibt es zwischen AA und der gegenüberliegenden Stadthäuserfront eine spitz zulaufende Grünanlage. Genius loci.

Auf der Weidendammer Brücke

Von den vielen Touristen und Neuberlinern, die täglich diese Brücke überqueren, denkt wohl keiner mehr an den Preußischen Ikarus – Wolf Biermann kurz vor seiner Ausbürgerung aus der DDR, vor dem gußeisernen Adler in der Mitte des Brückengeländers stehend:

dann steht da der preußische Ikarus
mit grauen Flügeln aus Eisenguß
dem tun seine Flügel so weh
er fliegt nicht weg – er stürzt nicht ab
macht keinen Wind – und macht nicht schlapp
am Geländer über der Spree

Die Brücke hatte der Krieg merkwürdig verschont. Ringsum, auf beiden Spreeufern, dehnten sich damals leere bzw. mit Provisorien bestückte Trümmerflächen. Die Grenze war in Sichtweite, die Bewegungsmöglichkeit begrenzt. In diesem Umfeld konnte es kaum etwas Widersinnigeres geben als die beiden wohlerhaltenen preußischen Adler in den Brückengeländern. Zielsicher hatte Biermann sich ihrer angenommen.

Doch auch ohne Biermann – ich kann mich gut der Trauer erinnern, die einen ohnehin, schon bevor er sein Lied veröffentlichte, auf dieser so wundersam erhaltenen Brücke erfasste. Die Spree floß wie heute westwärts, aber sie verband Osten und Westen der Stadt nicht mehr. Auch das, was im Umfeld der Brücke noch stand – der alte Friedrichstadtpalast, das Berliner Ensemble, der Bahnhof Friedrichstraße – vergrößerte nur das Gefühl verlorener Welt – verlorener Möglichkeiten und Hoffnungen, verlorener Zeit und verlorener Stadt.

Dies die Folie, auf der sich heute auf der Brücke doch wieder von Stadt, Welt und Freiheit träumen läßt, wenn auch nicht vom Sozialismus. Schiff auf Schiff fährt unter der Brücke durch, an den Ufern reihen sich die voll besetzten Tische der Restaurants, beide Brückenköpfe sind wieder beidseitig bebaut. Man sieht nach Westen die roten Regionalzüge über der Spree in den Bahnhof Friedrichstraße ein- oder aus ihm ausfahren, dahinter sind Regierungsbauten und ARD sichtbar, ist vor allem sichtbar, daß es weiter geht, daß keine Grenze mehr die Bewegung aufhält. Man schaut die von Leben perlende Friedrichstraße hinab in Richtung Linden, hinauf zum Oranienburger Tor.

Aber der Blick, der vor allem und immer neu mein Herz schlagen läßt und mich dazu bringt, mindestens jedes zweite Mal anzuhalten und Zeit, gefühlte Zeit vergehen zu lassen, das ist der Blick über die Spree nach Osten. Da ist der Raum tief und weit offen, und in mittlerer Entfernung, über die behelfsmäßige Ebert-Brücke hinweg, schiebt sich das Gebäude ein, welches der Grund der Erregung ist: das Bode-, gewesene Kaiser-Friedrich-Museum, auf der Spitze der Museumsinsel zwischen Spree und Kupfergraben.

Es stand natürlich auch vorher da, wie alle anderen Gebäude der Museumsinsel, noch dazu unzerstört – in meiner Jugend war ich, in den fünfziger Jahren, dort Dauergast. Aber erst die Nachwende-Restaurierung hat es wieder im eigentlichen Sinne sichtbar gemacht, hat ihm seinen Platz im Bild der Stadt zurückgegeben, hat vor allem die geheime Beziehung zwischen der Brücke und ihren gußeisernen Adlern hier und dem wilhelminischen Kuppelbau dort wieder zum Spielen gebracht.

Es sind ja zahlreiche öffentliche Gebäude nach der Wende restauriert und damit in ihrer Material- und Architekturqualität überraschend zurückgekehrt, nicht zuletzt der Bahnhof Friedrichstraße. Andere Gebäude, so vor allem die durch den NS-Staat errichteten Bauten, sind im Inneren neu formuliert worden, wie immer man dazu stehen mag. Auf der Museumsinsel ist die Alte Nationalgalerie außen restauriert, innen durch Hans Tesar* mit heutigen Mitteln zum Klingen gebracht worden, das Neue Museum ist unter der Regie von David Chipperfield* überwältigend auferstanden. Alles das sind Taten und Erfolge, die nicht weniger bedeutsam und bezeichnend sind als die Neubauten. Von ihnen hängt es ja ab, ob letztere überhaupt noch ihren festen Sitz im Stadtbild finden und akzeptiert werden, statt zu einer gleichgültigen Tatsächlichkeit aus Geld und blanker Masse zu erstarren.

Beim Bode-Museum liegen die Dinge etwas anders. Zum einen ist das wirkliche Ereignis hier tatsächlich der Außenbau, der seit der Restaurierung wieder als glänzende räumliche Lösung und große Architektur erscheint, nicht bloß als steinsichtiges neobarockes Gemäuer. Zum andern aber, so weich und bildreich das Gebäude da auf dem Wasser liegt, so daß man sich schnell in es verlieben kann, so sehr geht die Wirkung doch über das einzelne Bauwerk weit hinaus. Sie besteht darin, daß es in die reichlich kahl gefressene Landschaft des Spreeraumes ein überraschendes Leuchten einträgt, eine Wärme und Behaglichkeit des Südens, genau das, zu dem der preußische Ikarus, wenn er fliegen könnte, hinflöge.

Lohnt es sich? Im Grunde heißt doch, den Hackeschen Markt zu zeigen, Eulen nach Athen tragen. Er ist längst unverzichtbarer Bestandteil englischer, französischer, spanischer, italienischer, portugiesischer, dänischer usw. Stadtführer. Man muß nur in das Sprachengewirr hineinhören, das zwischen S-Bahnhof und Weinbergweg wogt.

Aber der Hackesche Markt war nicht einfach da, er ist eine Nachwende-Erfindung. Anders gesagt: er ist, als soziales, touristisches Ereignis, die lebendige Enttäuschung an den unwirtlichen Riesenflächen des eigentlichen Zentrums. Insofern ist der Hackesche Markt Ersatz für alles, was es zwischen Schloßplatz und Alexanderplatz nicht gibt. Für Neuberliner und Besucher schossen Markt und Umfeld zu einer so willkürlichen wie unerschütterlichen Behauptung zusammen – zu „Mitte“.

Und: Der Hackesche Markt ist eine – und offensichtlich die genau richtige – investive Entscheidung. Vorher war da ein Ruinenfeld, das als Drehpunkt des ostberliner Straßenbahnsystems funktionierte. Den großen Komplex der echten alten Hackeschen Höfe gab es, aber als Rückzugsgebiet von Intellektuellen, Künstlern und allerlei Gewerken waren sie kein Teil der akzeptierten und vorgezeigten Hauptstadt der DDR. Die Wende hätte den Untergang auch noch dieses Zeugen bringen können. Der Heidelberger Baulöwe, der sie gekauft hatte, ließ sich aber überzeugen, daß so, wie es war, alles zum Besten war, und zumindest diese Entscheidung brauchte er nie zu bereuen. Der Erfolg der Höfe wurde zum Erfolg des ganzen Stadtviertels, er führte auch dazu, daß, unter dem Titel Neue Hackesche Höfe, die ehemalige Ostberliner Wohnungsbaugesellschaft Mitte den richtigen Entschluß faßte, die gegenüberliegende Brache zu bebauen – parzelliert und mit unterscheidbaren, an die Architektur Aldo Rossis* angelehnten Fassaden, deren Vorteil ist, biedermeierlicher zu sein als der Meister und so den Eindruck, es handele sich im Grunde um alte Stadt, nicht zu stören, weder in der gewählten Farbigkeit noch in den dekorativen Gesten.

Was allerdings bei alledem verloren ging, ist der Hackesche Markt selber. Das war der vor der einstigen Festungsbastion bei deren Niederlegung entstandene kleine Platz zwischen dem heutigen Haus Hackescher Markt 4 und den Eckbauten der Rosenthalerstraße, Hackescher Markt 1 einerseits, 2 und 3 andererseits. Auf dieser Fläche, die heute weitgehend von der Straßenbahn beherrscht ist, gab es ein reges Markttreiben, das Rosenberg um 1780 in zwei Kupferstichen darzustellen reizvoll fand. Die heutige Marktfläche dagegen war dicht und kleinstteilig bebaut. Nach der Wende votierten die Planer wieder für eine Bebauung, der Bezirk Mitte verwarf dies. Und so tobt jetzt dort der Bär, in seiner täppischsten Form.

Invalidenstraße

Wo ist Mitte tatsächlich Großstadt? Vielleicht am Bahnhof Friedrichstraße, vielleicht am Oranienburger Tor. Im übrigen wird Großstadt in Mitte eher gespielt bzw. besichtigt, wobei Spieler und Besichtiger identisch sind – sie strömen nach Berlin, um neue Großstadt zu sehen, womit sie genau das herstellen, was sie besichtigen. Natürlich hat das auch für Eingeborene seinen Reiz, die vielen Menschen, welche selbst die Karl-Liebknecht-Straße auffüllen, das spanisch-französisch-englisch-finnisch-russische Sprachengewirr, die ausgeruhten Westdeutschen in den Cafés und Restaurants und in und vor den endlosen Ketten von Schuh- und Klamottenläden, die Schlangen vor dem Neuen Museum, usw. Aber wirkliche Großstadt ist das nicht.

Natürlich darf man nicht mit alten Bildern, mit dem Berlin der zwanziger oder dreißiger Jahre vergleichen. Das verbietet schon der eingreifende soziale Wandel: der Untergang Berlins als Industriestadt, der Übergang zur Dienstleistungsmetropole mit ihren ganz anderen Beschäftigungsstrukturen, die veränderte Alterstruktur mit ihren weitreichenden Folgen für Zeitgebrauch und Lebensstil. Berlin hat sich seitdem auch erheblich entdichtet. Die Ansprüche sind gewachsen, Kriegszerstörung, Sanierungsabriss und Deindustrialisierung haben die Proportion von bebautem und unbebautem Raum verschoben, und nicht nur die nutzbare öffentliche Fläche vervielfachte sich, sondern gleichrangig auch die individuell beanspruchte Wohnfläche. Die Mobilität hat ernorm zugenommen, ebenso der internationale Austausch, der Stadttourismus und die Gebäudemasse, die ihn beherbergt. Das alles muß man im Blick haben, wenn man heute von Großstadt redet.

Gleichwohl, zur Großstadt gehört Normalität: eben dies, daß sie gelebt, nicht erlebt wird. Großstadt gibt es, wo sich nicht einfach Menschen zu Massen verdichten, sondern arbeitende, beschäftigte, Zeit und Wege kalkulierende, Routinen des Kommens und Gehens, der Mittagspausen, des Einkaufens und der Freizeit vollziehende Menschen. Massen, die aus U-Bahn und S-Bahn strömen, ohne auf dem Weg zu den Hackeschen Höfen oder zur Museumsinsel zu sein. Großstadt ist dort, wo der alltägliche Massenumschlag Sache ist und wo die Ortsansässigen die Mehrheit bilden. Berlin ist in der Potsdamer oder der Karl-Marx-Straße, in der Müller- oder der Kantstraße, der Frankfurter oder der Schönhauser Allee zehnmal großstädtischer als in Mitte.

Dies gerade jetzt, bzw. als Ergebnis der Wiedervereinigung Berlins. Weder West- noch Ost-Berlin waren wirklich gefühlte Großstadt, obwohl beide schon als Teilstädte die zwei größten Städte Deutschlands waren. Der beidseitige Mangel an Zentralität ließ die wirklich großstädtischen Bereiche gleichsam hängen. Seit Potsdamer Straße oder Schönhauser Allee nicht mehr für alles einstehen müssen, was man an Großstadt und Zentralität entbehrte, liegen Großstadteigenschaften wieder frei. Unbelastet von Sehnsüchten, sind sie wieder das, als was sie entstanden, Stadterweiterung, die auf ein Zentrum verweist, von dem sie herkommt und zu dem sie hinführt, ohne die eigene relative Autonomie betonen zu müssen.

Immerhin, auch Mitte hat seine großstädtischen Ränder. Z. B. die Torstraße. Ich habe aber meine Gründe, hier auf eine Parallelstraße umzuschwenken. Die Invalidenstraße: eine Jugenderinnerung.

In den fünfziger Jahren gehörte sie zu den großen Umschlagplätzen zwischen Ost und West. Bis auf den turmbewehrten Neubau Ecke Chausseestraße war sie einheitlich grau, zwar teilzerstört, aber insgesamt vom großen Maßstab des Naturkundemuseums und seiner Trabanten geprägt. Der Nordbahnhof war Verkehrsknoten fast noch wie in alter Zeit, und was an Gebäuden fehlte, machten die Menschen wett – wenn irgendwo noch so etwas wie altes Berlin war, dann dort, massenhaft, gewöhnlich, voller spannender Adressen, von denen ich mich besonders an einen Kellerladen erinnere, der Aquariumsbedarf verkaufte und dessen im hintersten Winkel verkrochenen Inhaber man erst einmal aufwecken mußte, um etwas zu erwerben. Das war mit der Mauer vorbei, und auch nach der Wende tat sich die Straße schwer. Es ist erstaunlich, wie wenig zwei schwergewichtige Ministerien – Wirtschafts- und Bauministerium – jeweils westlich und östlich des Invalidenplatzes gelegen, stadtstrukturell verändern. Die Ecke Chausseestraße bekam ihren Auftrieb mit der IT-Blase der neunziger Jahre, als die südliche Chausseestraße kurzzeitig zum Silicon-Valley ausgerufen wurde – mit dem Platzen der Blase 2000 war es wieder vorbei. Erst in den allerletzten Jahren wurde das anders. Auf dem Gelände des Stettiner Bahnhofs hat die Bahn einen ganzen Cluster von Verwaltungsgebäuden bezogen, und straßauf straßab wird jede Baulücke bebaut. Der Platz vor dem neuen Tor ist fertig umbaut, die große Lücke vor der Charité geschlossen, ebenso die zwischen Chaussee- und Eichendorfstraße. Was weiter durchhängt, ist der Siedlungsbereich zwischen Garten-

und Bergstraße, dann geht es wieder los und hoch verdichtet über die Ecke Ackerstraße auf die Brunnenstraße zu.

Was ist daran großstädtisch? Das Durcheinander auf der Straße. Das Gedränge der Verkehre, dem auch der Straßenausbau nichts wird anhaben können, die Alltäglichkeit des Hastens und Besorgens, der Sog des Bahnhofs, die Umsteigemassen am Nordbahnhof, die Beiläufigkeit der Lokale und Geschäfte, der Sog der Ackerhalle. Weder die Menschen noch die Straße stellen sich zur Schau, die meisten haben gar keine Zeit dazu. Was gebaut wurde und was noch steht, gibt den Rahmen ab – nur zufällig wird man auf dieses oder jenes Haus aufmerksam, nimmt die Verschiedenheit der Baustile und Bauepochen wahr. Als kürzlich über Nacht fast sämtliche Bäume gefällt wurden, fiel es gar nicht gleich auf, daß etwas fehlte.

„Mitte" und die Soziale Spaltung

Wie kommt es, daß Mitte im Bewußtsein nicht nur der Stadtsoziologen, sondern auch des Mietervereins oder der autonomen Szene, zum Synonym für Gentrifizierung geworden ist? Dabei ist, bei aller Ambivalenz der Entwicklung, gleich zu sagen, daß Gentrifizierung ein zu bequemer, auf Berlin nicht ganz zutreffender Oberbegriff ist: Er wurde im vorigen Jahrhundert durch amerikanische Stadtsoziologen wie Herbert Gans geprägt, und schon damals, in den siebziger Jahren, hat die eilfertige Übertragung auf Berlin nicht funktioniert – Kreuzberg wurde nicht gentrifiziert, die Mischung von Türken und zugewanderten Alternativen aus Kreuzbergs großer Zeit hat den Abgang der alten deutschen Bevölkerung überstanden.

Was ist also in Mitte passiert, genauer, in Mitte Nord, von den Hackeschen Höfen bis zur Bernauer Straße? Daß Verdrängung stattgefunden hat, ist unbestreitbar. Aber die Sache ist mehrschichtig. Es hat ebenso Besetzung von Leere stattgefunden, und es folgten weitere Wellen, neue Vertreibungen. Auch sie mag man bedauern: Wie es der Szene vom Hackeschen Markt und Umgebung erging, ist bekannt und muß hier nicht noch einmal ausgebreitet werden – Rosenthaler Straße, Alte Schönhauser, Münzstraße, Weinmeisterweg – eine einzige Folge von Schuh- und Klamottenläden, Kettenläden statt Existenzgründer. Aber das ist, seit es Gewerbefreiheit gibt, der Gang der Dinge und gehört zur Lebendigkeit der Stadt. Es wäre fatal, diese Bewegungen ausschalten zu wollen. Sie zu begrenzen, was sicher wünschenswert wäre, dazu gehörte aber eine so intelligente wie entschlossene Stadtpolitik, und die haben wir nicht.

Etwas anders gelagert ist der Fall der Rosenthaler Vorstadt. Zwischen beiden liegt, mehr trennend als verbindend, die Torstraße, dazwischen liegt vor allem die Drehscheibe Rosenthaler Platz. Verkehre von allen Seiten, Straßenbahnen, vier U-Bahn-Zugänge spucken Menschen aus. Hier mischt und bricht sich alles auf kleinstem Raum, was sich zwischen Mitte und Wedding bzw. Prenzlauer Berg bewegt, hier ist Kings Cross und Denfert-Rochereau, hier ist Union Square und Taganskaja Platz, hier ist Welt. Man kann dastehen und der Mischung der Verkehre und Kulturen zusehen, als wäre da ein riesiger Löffel oder Quirl am Werk. Und irgendwie teilt es sich dann auch wieder säuberlich auf, die Bewohner und Geschäftsmenschen auf der Torstraße zwischen den Geldautomaten von Post und Sparkasse, die Käufer in die Rosenthaler Straße, nach Norden teilen sich die Kulturen, die Ströme zwischen Brunnenstraße und Weinbergweg, links Verkehr, Arbeit, Kunst, rechts Eis und Latte Machiato.

Die Rosenthaler Vorstadt selber ist ein Wohnviertel. Sie war, nördlich der Torstraße und zwischen Stettiner Bahn und Schönhauser Allee, seit ihrem Entstehen ein Viertel der aller-untersten Schichten, die Fortsetzung von Neuvoigtland zwischen Brunnen- und Gartenstraße. Reste davon waren bis in die Nachwendezeit vorhanden, und den Häusern sah man es an. Als ich in die Fehrbelliner Straße zog, war sie so grau und sozial gemischt, daß sich westberliner Freunde weigerten, uns zu besuchen. Unser Haus war, als wir es als Gruppe kauften, zur Hälfte leer, und das galt für zahllose andere Häuser auch – die Wohnungswirtschaft der DDR hatte nie durchgeblickt, die Wohnungen kosteten nichts, und man lernte nach der Wende Leute kennen, die dort, oder in Prenzlauer Berg, drei Wohnungen hatten, eine, wo man derzeit zusammen lebte, und je eine für beide Partner, in die sie sich bei Scheitern der Beziehung wieder zurückziehen konnten.

Dramatisch wurde es erst, als der Umzug von Bonn nach Berlin erfolgte. Da kam eine Population von Westdeutschen und, vor allem, ausländischen Korrespondenten, Botschaftsangehörigen usw., die keine Vorurteile hatte und blitzschnell die städtebaulichen Schönheiten des Gebiets erkannte. In Jahresfrist war die alte Bevölkerung verschwunden, ausgekauft und ins nördliche Prenzlauer Berg, nach Weißensee oder Marzahn gezogen, während Immobilienunternehmen die Häuser aufkauften, oberflächlich auf schick machten und teuer vermieteten, so teuer, daß die Erstmieter oft schnell wieder weiter zogen. Als nächstes entwickelten sich Weinbergweg und Kastanienallee zur Szenemeile. Inzwischen ziehen Karawanen von Touristen den Straßenzug auf und ab, Studentenmengen hasten morgens auf ihren Fahrrädern zur HU den Berg hinab und ächzen ihn abends, möglichst ohne Licht, wieder hinauf. Es ist ein Sprachbabylon entstanden, Deutsch die Ausnahme, statt dessen Spanisch, Italienisch, Französisch, Englisch, Amerikanisch, auch Russisch, Japanisch usw.

Trotzdem, das Viertel ist mit dem Kollwitzplatz nicht zu vergleichen, es ist, auf einer anderen Ebene, weiter auf interessante Weise gemischt, in den Kellern und Läden arbeiten winzige Firmen für den Modemarkt, zahllose junge Familien wohnen hier, Kinderscharen werden zur Kita gefahren oder bevölkern den Spielplatz auf dem Weinbergpark. Woher überhaupt dieser Kinderboom? Mein Eindruck ist: Das sind die Leute, die beim

Platzen der IT-Blase gemerkt haben, daß das Leben auch aus anderem als Geld und Silicon besteht. Vieles haben gerade die Jungen wohl bloß, weil die westdeutschen Eltern es ihnen zustecken. Was man beim Ökomarkt vor der Zionskirche sieht oder was sich freitags auf dem Markt vom Arkonaplatz trifft, sind also nicht die Wohlhabenden, für die die neuen Luxusappartements gebaut werden, sondern farbenreicher hochindividualisierter Mittelstand. Tatsächlich gibt es bislang auch noch genug Nischen, z. B. erschwingliche Läden, so daß hochindividualisierte Angebote das Feld bestellen und das Viertel für mich zum Interessantesten machen, was weit und breit zu sehen ist. Nicht zuletzt sind viele von denen, die hier leben, eben die Leute, die Wohnen und Arbeiten wieder an einer Stelle zusammen bringen wollen und die sich entsprechend als Selbständige organisieren.

Wie lebt man also in Mitte Nord? Dazu eine ganz persönliche Bemerkung. Als älterer Mensch ist man, obwohl 17 Jahren im Viertel, also länger als die, die hier herumlaufen, schon fast ein Fremdkörper und beobachtet mehr, als dabei zu sein. Aber alles Reisen durch Berlin endet mit der befriedigenden Erkenntnis, daß ich, heimkommend, da bin, wo ich sein möchte. Das aber ist eigentlich das Schwierigste: dort zu leben, wo man sich wünscht, zu sein. Jahrzehntelang träumte man von der Urbanität von Paris, Turin, Madrid usw., fuhr hin, um zu erleben, was es so in Berlin nicht gab. Wenn ich heute durch das Viertel gehe, muß ich mich immer wieder am Ärmel zupfen: Das ist es, wo du immer hin wolltest, die urbane Dichte, das bunte Leben, die städtebauliche Schönheit, das Sonnenlicht, das durch die Platanen unserer Straße gefiltert wird, der Espresso in der winzigen Bar des freundlichen Sizilianers, und vieles mehr. Nicht Genua oder Amalfi, sondern Berlin Mitte. Das will begriffen sein: daß das, was man ein Leben lang als Ferienwunsch mit sich trug, vor der Haustür ist und tagtäglich, den Alltag unterbrechend, wahrgenommen sein will.

Das ist die eine Seite. Die andere ist, daß man in einer Umgebung lebt, in der diejenigen sich zusammenrotten, die etwas wollen. Die anderen sind woanders. Da muß man nur an die Grenze gehen, wo einmal die Mauer stand, dort, wo Mitte an der Bernauer Straße endet, während jenseits der Straße ganz andere Verhältnisse herrschen, viel Arbeitslosigkeit und Perspektivlosigkeit, von Deutschen wie Migranten, wo die einzigen existierenden Läden die des Quartiermanagements sind oder der Getränkeladen, an dem schon am frühen Morgen getankt wird. Es hat keinen Sinn, die Bewohner von Mitte zu beschimpfen: Sie machen, was alle gern täten, sie sind da, wo sie gerne leben wollen. Was die Stadt auseinandertreibt, sind ja auch die Sünden der Vergangenheit: Sanierungsabriß und Import von Gastarbeitern, die man brauchte, solange Industriearbeit zu verteilen war, und die man heute nicht mehr braucht. Zu den wirtschaftlichen und stadtplanerischen Fehlentwicklungen kommt seit der Wende eine Marktdynamik, die die Mieten hochtreibt, soziale Gleichgewichtslagen aushebelt, Kleinexistenzen und ihre Nischen vernichtet. Das greift zugleich mit den alten systembildenden Macht- und Versorgungsstrukturen zusammen, dem anderen Großapparat, der das, was er zu heilen behauptet, durchaus interessiert auf Dauer stellt.

Staatsbesuch

Der fremde Salon

Zwischen Reichstag, Sowjetischem Ehrenmal, Bundeskanzleramt, Schweizer Botschaft, Paul-Loebe-Haus: Ist man hier wirklich in Berlin? Nicht unbedingt. Man befindet sich in einem Zentrum der Macht, das seinerseits noch nicht recht in Berlin angekommen ist, sondern gleichsam immer noch im Flugzeug nach Bonn oder Köln sitzt. Ich bin nicht gerade ungern dort, irgendwie zieht es mich hin, um ab und zu mein Staatsverständnis zu überprüfen und mich als Bürger in diesen neuen Kleidern meines Staates zu spiegeln. Aber gerade dann ist der Eindruck nicht zu vermeiden, daß man als Bürger mit solchen Gefühlen alleine dasteht, die Politiker jedenfalls sind offenbar nicht nur hinter Glas und Zäunen, sondern, vermute ich, schlicht woanders.

Zum andern ist es hier meist sehr leer. Was an Stadt da war, ist von langer Hand her abgerissen und weggebombt. Jeglicher Stadtanschluß fehlt, bzw. ist peinlich vermieden worden. Denn anders als bei der provisorischen Leere des Bahnhofumfelds, handelt es sich hier um geplante und weitestgehend fertiggestellte Leere. Diese Leere wird nur von Zeit zu Zeit abwechslungsreich verdeckt, wenn zu guten Sommerzeiten und öffentlichen Veranstaltungen die Massen hin- und her strömen und den Raum mit ihrer Neugier, ihren Fotoapparaten, ihrer aneignenden Zustimmung und Erkennungsfreude füllen. Normalerweise ist nichts los. Erstaunlich wenige Fahrzeuge und fotografierende Menschen verteilen sich über die mühsam gartenkünstlerisch gegliederte Fläche zwischen den isoliert dastehenden, arg auf sich und ihrer bannmeilengeschützten Würde beharrenden Politikbehältern. Dieser öffentliche Raum ist also von einer Übersichtlichkeit, die eines totalitären Staates würdig wäre.

Am Loebe-Haus des Parlaments dürfen Sie immerhin – auf der umbiegenden und unter dem vorragenden Parlamentsdach durchkriechenden Konrad-Adenauer-Straße – unabsichtlich vor- und vorbeifahren. Beim Kanzleramt hat man die ehemals vorhandene Straße beizeiten verschwinden lassen, obwohl das Amt ohnehin zur Festung ausgebaut ist. Jede Berührung mit dem Stadtverkehr wurde unterbunden: Vor den Präsidentenpalästen von Duschanbe oder Islamabad könnte es weniger schön und geglättet, aber gewiß nicht sicherheitspolizeilicher aussehen.

Aber das ist nur die häßliche Seite einer an sich schon fatalen Grundentscheidung, der, ein geschlossenes Regierungsviertel zu bauen. Die Politiker konnten es sich in Bonn, wo die Entscheidungen fielen, wohl nicht anders vorstellen, das BKA erst recht nicht. In Bonn ist man unter sich gewesen. Außenstehenden fiel auch noch auf, wie stadtplanerisch und architektonisch verwahrlost dieses Regierungsviertel war, man war an die *compounds* erinnert, in denen in Ländern der dritten Welt die Botschaften und internationalen Institutionen sich vor fremder Wirklichkeit verschanzen.

Architektonisch ist in Berlin alles auf Qualität hin geplant und gebaut. Aber den Bonner Isolationismus hat man mittransportiert. Es ist nicht daran vorbeizusehen: Dieser Staat gibt sich stadtfeindlich, hoheitlich, sicherheitsfixiert. Und Gerhard Schröders Würstchenbude gibt es wohl auch nicht mehr.

Kanzleramt

Schönheit, das ist das erste, was mir einfällt. Dieser Bau hat offenbar die Macht, vergessen zu lassen, wie grau die Wirklichkeit der Politik ist, und wie klein ihre Möglichkeiten in der globalisierten Welt geworden sind, stark und selbstbewußt zu handeln. Es ist als gerade nicht die Macht der Politik oder die des Staates, die hier erscheint. Es ist überhaupt keine Politik dabei – vom Staat schlechthin ist die Rede, als wäre hier alle Würde und Vernunft beisammen, deren die Spitzen der Nation fähig sind, statt sich in tausenden von Büros, Sitzungsräumen, Entscheidungsfunktionen und Standorten zu verkrümeln. Das, wovon dieser Bau redet, ist die Idee des Staates – die Republik als solche, fern ihrer historischen Abgründe und praktischen Niederungen: eine Idee, die selber so historisch ist, daß sie in der Wirklichkeit nicht mehr vorkommt, sondern nur noch so erscheinen kann, wie sie hier erscheint: als Architektur.

Aber was heißt in diesem Falle Architektur? Das neue Berlin ist prallvoll von Architektur, ohne daß mehr erkennbar wäre als eben, daß es sich um ein bestimmtes Qualitätsniveau handelt, um eine Architektenhandschrift, bestenfalls um einen neuen typologischen Vorschlag. Man vergißt am Potsdamer Platz keinen Augenblick, daß die unterschiedlichen Bilder nur Oberfläche sind, dahinter ist Büro, Hotel, Einkaufen, Unterhaltung, so ununterschieden, so wenig im Architekturbild nach außen tretend, daß eigentlich alles überall sein könnte.

Das ist hier anders. Wir wissen: Es ist nur Politikverwaltung drin. Aber der Bau sagt uns: Vergiß, was ich beherberge – wer gerade die Funktion des Kanzlers ausübt, Frau oder Mann, welche Beamtengeschäftigkeit sich in den zahllosen Büros betätigt, wie groß oder klein die Entscheidungen, Strategien, Kampagnen und Winkelzüge sein mögen, die hier geplant werden, vergiß es, hier ist mehr als Politik und Staat, hier ist REPUBLIK.

Aber wie sagt er es? Es gibt keine Symbolisierung der überzogenen Staatsidee, die in diesem Bau steckt. Was da redet, ist eben doch nicht mehr und nichts anderes als die selten gewordene Macht der Architektur, nicht dies oder das, modern oder konservativ, Glas oder Stein, diese oder jene Architektenhandschrift zu sein, sondern einfach Architektur.

Architektur heißt in diesem Falle also erst einmal genau das eingangs Behauptete: einfach und unmissverständlich schön zu sein. Nicht einmal, wie kleinlich und perfekt er von Sicherheitsbehörden und Videokameras geschützt und abgeschottet wird, nicht einmal das kann dem etwas anhaben. Das will schon etwas sagen. Aber das reicht nicht, weder als Aussage noch erst recht als Erklärung. Denn wie sollte sich Schönheit als moderne Architektur überhaupt noch darstellen können? Das Wort ist ja so gut wie ganz aus dem Wortschatz der Architekten getilgt und erst recht aus dem der Kritiker und Bauwissenschaftler. Qualität, sagt man, ist der einzige erlaubte Maßstab, und was das ist und wo sie vorliegt, darüber streiten sich Fraktionen bis hin zu Hass und Verleumdung.

Nun macht es Axel Schultes* einem schon darin etwas leichter, daß sie in diesem Streit nicht ganz so genau festlegbar ist. Aber hier ist auch noch mehr als Schultes, anders gesagt, dieses Ergebnis gäbe es nicht ohne die Aufgabe, die es herausforderte. Ohne daß dies die Umkehrung der Behauptung ausschließt, daß da schon jemand kommen mußte, der diese Herausforderung überhaupt gesehen hat, der auf sie vorbereitet war, darauf gleichsam ein Architektenleben gewartet und geübt hat, und sich ihr gewachsen zeigte.

Nächste Runde: Der große Auftritt, die große Form, der Mut zur außerordentlichen Dimension und die Konsequenz, mit der all dies ins Werk gesetzt wurde, alles das liegt auf der Hand – und ist auch noch keine ganz ausreichende Erklärung. Man muß also nach Inhalten seiner Rede suchen. Es spricht nicht einfach in hohem Ton, sondern als Interpretation eines Typus. Der Typus ist historisch, die barocke Dreiflügelanlage, Inbegriff aufgeklärter Monarchie. Wie der Typus vorgetragen wird, das hat aber die ganze seitherige Baugeschichte in sich, die klassizistische Abstraktion, den Durchgang durch die Romantik – man denke an Schinkels Entwürfe für das Palais Wilhelm Unter den Linden oder für Schloß Orianda –, zugleich natürlich die Archäologie der archaischen Großbauten an Euphrat und Tigris; und es hat selbstverständlich den Durchgang durch die Moderne hinter sich und deren Neuerfindung bei Louis Kahn*, in summa, nicht weniger als die gesamte morgen- und abendländische Baugeschichte. Es ist dabei keineswegs eklektisch geworden, nichts von Postmoderne. Es steckt eine Sehnsucht darin, die so einfach nicht zu befriedigen war.

Und das ist der entscheidende Punkt. Aber wie baut man Sehnsucht, ohne abzustürzen? Die größte Gefahr war ja, wenn man sich schon auf die eigenen deutschen Reichs- und Staats- und Demokratiesehnsüchte einläßt, in die Falle des Erhabenen zu tappen. Das Erhabene ist die Kategorie schlechthin der Aufklärung. Gleichzeitig haben Kant sie in die Theorie, Boullée* in die Architektur eingebracht. Nichts ist gründlicher gescheitert. Das haben wir mit dem Nationalsozialismus erfahren. Wer so hoch steigen will, daß er die Wirklichkeit nicht mehr anerkennt, weil sie nicht ausdrucksfähig genug ist, stürzt entsprechend tief. Speers Reichskanzlei ist dazu kein zureichender Beleg – man muß schon der entsprechenden Höhe fähig sein. Das Paradigma hat man in der Zeitgenossenschaft von Auschwitz und Brasilia.

Schultes hat diese Falle des Erhabenen vermeiden können, obwohl sie in seinem Gesamtentwurf für das Regierungsviertel eindeutig angelegt war. Er hat sie vermieden dank Handwerk. In diesem Fall ist das die Kunst der Proportion. Für die klassische Architektur waren Proportionen keine Frage in sich stimmiger Maßverhältnisse, sondern Übersetzungen von Körpermaßen in größere Maßstäblichkeit. Das Erhabene wirkt durch Abbruch der Beziehbarkeit, Maßstabverlust: neben dem Monument ist der Betrachter nur noch ein Krümel. Die Absicht dieser Architektur war zu überwältigen – ob ihr das nun gelang oder nicht. Das Kanzleramt ist groß, ja zu groß, es spannt riesige Flächen und Geraden auf, aber es überwältigt nicht.

Das hat mit seiner Haltung und einer ganzen Reihe von Entwurfsmaßnahmen zu tun, aber in erster Linie mit einem Maßnehmen an normaler Körpergröße. Wenn man davor steht – normalerweise heißt das: vor dem Sicherheitszaun –, muß man seine Augen nur ruhig und ohne Absicht wandern lassen, sie werden von den Gesten der Haupteingangsfassade ganz sachte nach unten gelenkt und enden bei der Eingangstür. Die ist erstaunlich klein, aber nicht zu klein: Sie sagt einem: Größer als Sie muß ich ja nicht sein. Übrigens entspricht das ganz der Normalhöhe des Erdgeschosses. Die Fassade stößt sich von diesem Eingang sofort ab zu einer erweiterten Dimension, der des Sonnensegels. Damit ist man auf klassischer Sockelgeschoßhöhe. Von da klettert die Blickbewegung aufwärts zur Oberkante des fünfgeschossigen Gebäudecorpus – sie liegt auf gleicher Höhe mit dem Dachabschluß der Seitenflügel. Dann fliegt der Blick auf in die Loggia und läßt sich von da durch die Schwingung des Flugdaches in den Himmel schicken, nach Osten.

Diese Fassade ist nicht durchsichtig, sondern viel mehr, beweglich und offen. Alle klassischen Insignien der Machtdarstellung sind da und klug benutzt, aber auch aufgelöst und ins Spielerische gewendet. Die Säulen tragen nicht, – was als Architrav hinter ihnen aufscheint, ist wohl nur das Technikgeschoß –, sie tun aber auch nicht einmal so, als trügen sie, sondern sie zeigen, daß sie ganz aus dem herkömmlichen Zeremoniell ausgestiegen sind. Sie sind geradezu beweglich geworden und kommen dem Besucher gleichsam entgegen. Dieses Begrüßungszeremoniell wiederholt sich dann noch einmal im Oberbau, jetzt um eine Ebene zurückverlegt und perspektivisch verkleinert.

Das alles ist ohne Anstrengung, die Fassade hat es nicht nötig, die Hacken zusammen zu schlagen, um Haltung herzustellen. Das Licht macht die Masse immer neu leicht, zu allen Tageszeiten. Von weitem, insbesondere, wenn man auf der Stadtbahn die groß schwingende Kurve um das Regierungsviertel fährt, sieht die riesige Anlage ganz leicht aus, die Seitenfassaden zierlich laubgesägt, das zehngeschossige Hauptgebäude fast wie aus Papier gefaltet.

Natürlich ist hier im zivilen Sinne nichts offen, alles schußsicher, selbst klimatisch hat man alle Löcher gestopft. Aber dafür kann die Architektur nichts. Sie hat getan, was Architektur tun kann. Sie schickt sogar nach allen Seiten entschuldigende Signale, naive mitunter, so der Sternenhimmel, den das Flugdach nachts hervorzaubert, am schönsten aber die lange Kolonnade, die in Verlängerung der Südfassade fast bis zum Haus der Kulturen der Welt geht: Das hat etwas Träumendes, erträumter Süden, wie er nur im preußischen Norden möglich ist und wie Schinkel ihn schon einmal vorgemacht hat.

Das Regierungsband

Es war natürlich etwas anders geplant. Es sollte ein großer demokratischer Raum werden, nach dem Bilde der Mall von Washington D.C., und auf einer Höhe mit ihr. Das wenigstens war die Vorstellung von Axel Schultes, dessen Entwurf seinerzeit aus über tausend Einsendungen zum Ideenwettbewerb Regierungsviertel ausgewählt worden war. Mit Recht, hatten doch alle anderen halbwegs konkurrenzfähigen Entwürfe das Gelände nicht ordnen können.

Trotzdem, auch der Entwurf Schultes ist nur das kleinere Übel. Bei ihm fallen Bild und Ordnung fatal zusammen. Er sah schon das ganze vollendete Viertel, und er sah es als Vollblutarchitekt, der er ist: ein riesiges ideales Großgebäude einer idealen Demokratie, voll Würde und von Bürgerzulauf getragen. Ein Architekturbild allerdings, keine Planung, die pragmatisch offen ließe, was in einem einmal gesetzten Rahmen geschieht. Keine Lücke im Bild, die auch nur ein Minimum an Zufall, Selbstregulierung, Abweichungen zuließe. Kein Platz für politische Wechselfälle, kein Platz für Wachsen, kein Platz für etwas, was nicht Politik wäre.

So war dieser Entwurf auf gleich mehreren Ebenen fragwürdig. Als gebaute Politik: Das Modell einer solchen Inszenierung des Staates stammt aus den Zeiten des aufgeklärten Absolutismus: Der Staat stellt sich über die Würde seiner Gebäude und die ihnen zugewiesenen, möglichst weiträumigen Platzflächen dar. Dieser Staat ist ein Vernunftstaat und steht turmhoch über den gewöhnlichen Bürgern. Auf den großen Plätzen, in denen sich die Erhabenheit der Einrichtung Staat und seiner Idee als solcher spiegelt, werden sie nur als Ornament von Festen und Feiern gebraucht. In der Demokratie ist der Staat weder besonders vernünftig noch ist er gut oder schön, er vertritt auch keine Idee, sondern bestenfalls gleichmäßig die eigenen Interessen und die seiner Bürger. Darum ist er auch so durchschnittlich wie diese. Hat es Sinn, für einen solchen Durchschnittsstaat einen architektonischen Rahmen zu schaffen, der so hoch über den Köpfen der Akteure hängt und mit der Realität der Politik so wenig zu tun hat?

Als Stadtplanung: Eine riesige Spange ist quer durch das Gelände gelegt. Zweimal überquert sie die Spree mit einer Gleichgültigkeit, als handele es sich um die Emscher, um nach Westen auch den Moabiter Werder zu unterwerfen, nach Osten die Friedrich-Wilhelm-Stadt, und wäre es nach Plan gegangen, wäre die Schiene noch am Bahnhof Friedrichstraße angekommen. Historisch mag das motiviert scheinen: Diese Achse streicht die Speer-Achse durch und verklammert, eisern schienend wie die moderne Orthopädie statt auf natürliches Wachstum vertrauend, Ost- und Weststadt. Aber sind demokratisch gemeinte Achsen schon allein des Gemeinten wegen besser als totalitär gedachte?

Und wie nützlich kann eine Verklammerung der Stadthälften sein, welche das wichtigste Bindemittel, städtisches Leben, gerade ausschließt? Es gibt ja, als Bebauungsplan genommen, nur öffentliche Bau- und Grünfläche, nichts sonst. Keine Vorstellung davon, daß man – Staat hin, Staat her – auch wieder ziviles Leben einführen müßte, nicht als Dekoration öffentlicher Fläche, sondern als Besitznahme, Haus- und Wohnungsbau.

Als Architekturidee: Sie besteht in einer Schwarz-Weiß-Umkehrung des klassischen Platzschemas von Washington:

Der grüne Innenraum ist gefüllt, dichte öffentliche Baumasse, das öffentliche Grün ist zur Umgebung gemacht. Diese Umkehrung hätte Foucault gefallen. Ist sie aber sinnfällig? Erschließt sie sich der Wahrnehmung? Das ist heute schwer zu beurteilen. Schultes allerdings wollte ein vollständig mit großen Bauten gefülltes Band. Dort, wo es heute am leersten ist, zwischen Paul-Loebe-Haus und Kanzleramt, sollte als vermittelnder Bau ein Bürgerforum stehen. Ohne Bürgerforum zerfällt die gebaute Schiene, von Norden nach Süden strömt der altberliner Fließraum der Abrißflächen, Nachkriegsprovisorien und Mauerbrachen. Doch auch mit Bürgerforum: Was wäre gewonnen? Wir hätten einen durchgehenden Gebäudezug in einer nördlich und südlich anschließenden Steppe. Die Nord-Süd-Beziehung wäre aufgehoben. Die Umkehrung von Voll und Leer nähme vor allem aber dem Betrachter den Boden weg. Von Gebäuden umfangen, weiß ich, wo und wer ich bin. Wenn der Platz aber zum Gebäude geworden ist, kann ich ihn nur noch von außen betrachten, als Objekt – ich gehöre nicht dazu, bin bestenfalls ein Spaziergänger in den anschließenden Anlagen. Stadtraum kann so nicht entstehen.

Als Pragmatik: Dafür gab es nur keine auftraggebende Institution, und so fiel es einfach weg. Stattdessen baute man quer durch die Forumfläche eine provisorisch gedachte Straße, welche nach Eröffnung des Tiergartentunnels wegfallen sollte. Dann hätte der verbleibende Verkehr, soweit er aus dem historischen Zentrum über die Kronprinzenbrücke kommt, unter dem Vordach des Parlamentsgebäudes hindurch fahren sollen, wer von Nordwesten über die Moltkebrücke kommt, würde dann auf der geplanten Straße vor dem Kanzleramt vorbei fahren, beide würden dann auf der weiter bestehenden westberliner Entlastungsstraße fortsetzen. Nun will aber keiner der Beteiligten den Verkehr vor seiner Tür haben. Aus Sicherheitsgründen. So dürfte es beim Provisorium bleiben.

Auf die Dauer wird das Schultes'sche Band ein ähnliches

Schicksal haben wie das Hauptstadtband der DDR. Solch ein Ordnungsstrang ist zu künstlich, zu rigide und zu unstädtisch, um auf die Dauer geduldet zu werden. Das DDR-Band gibt es nicht mehr. Man muß also auch hier, im Regierungsviertel, die Hoffnung auf die Rückkehr von Stadt nicht aufgeben.

Reichstag von außen

Sagt der heutige Reichstag etwas über die Deutschen, ihren Staat, ihre politische Kultur, den Zustand der Demokratie? Als er eröffnet wurde, fiel mir auf, daß eigentlich nur über die Kunst am Bau gesprochen wurde. Was mit dem Gebäude geschehen war, dazu sich zu äußern bestand keine Neigung. Dabei ist unübersehbar, was unter dem gemeinsamen Zugriff von Foster Associated* und Bundesbaudirektion herausgekommen ist: ein auf die bloßen Außenwände ausgemagerter Wallot-Bau*, und eine damit völlig jeden Kontakt meidende moderne, chirurgisch exakt implantierte Innenwelt. Der Abstoßungseffekt ist mindestens so hart wie beim Kommandantenhaus Unter den Linden 1, wo er ausführlich besprochen worden ist. Schon die Türen des Haupteingangs trennen beim Reichstag guillotinescharf zwischen Innen und Außen. Innen ist gedächtnislose Moderne, der allenfalls einige Votivgaben seitens der Kunst beigegeben sind. Außen hat man kompromisslos die Wallot-Oberfläche restauriert.

Offensichtlich drückt sich darin ein Verhältnis zur Vergangenheit aus, mithin zur unvermeidlichen deutschen Geschichte aus, dem mühseligen, von Abstürzen und Unfähigkeiten gezeichneten Weg zu einer funktionierenden parlamentarischen Demokratie. Architekt und Auftraggeber trafen sich genau in dem einen Interesse, daß sie vorbehaltlos modern sein und mit den Lasten der Geschichte nichts zu tun haben wollen. Die obsessive Art, in welcher die russischen Graffiti bewahrt worden sind, sagt dem Besucher, daß noch heute ein starker

Exorzismus notwendig ist, um die Gespenster der Vergangenheit in Schach zu halten. Vor Vermittlungsanstrengungen hat man sich also gehütet. Brücken, die Aufarbeitung hätte erleichtern können, wurden vermieden, stattdessen setzte man überall Zeichen, daß die Bewältigung gelungen sei, ohne Aufarbeitung. So schwimmt das, was an Geschichte erinnert, harmlos auf der Schicht konsequenter Abdichtung.

Das Innere ist aber auch politisch gleichgültig geworden, als Räumlichkeit aktueller Politik. Das hat mit der Fosterschen Desinfektion nichts zu tun. Es wäre nicht anders, hätten sich in den neunziger Jahren diejenigen Eiferer durchgesetzt, die unbedingt wieder ein Glashaus nach dem Muster des letzten Bonner Bundestagsgebäudes haben wollten. Das läßt sich nicht ändern: Die Erfahrungen, die man über die Jahre mit der hier vertretenen Politik macht, wandern in den Blick auf das Gebäude ein.

So ist der Reichstag längst aus der spannenden Aktualität der Eröffnung zurückgefallen in die Vergangenheit der Politik. Vor allem der Vergangenheit ihrer Bindung an eine Öffentlichkeit, die nicht die der Medien ist, voran die BILD-Zeitung, sondern die begrenze, ausgezeichnete, räumlich verortete des nationalen Parlaments, in der nicht nur parteidisziplinär gebundene Mehrheiten zählen, sondern auch Nachdenken und Argumentieren.

Es bleibt der Blick von außen. Was drinnen passiert – will ich mir das überhaupt vorstellen? Auch die vielen Besucher, die noch immer Schlange stehen, wollen ja vor allem eines: in der Kuppel herumlaufen und den Rundblick auf Berlin haben, mit dem Rücken zur Politik bzw. hoch über ihren Köpfen, im freien Licht der Kuppel und mit der großen Sichtweite einer gleichsam weit über der Stadt schwebenden Luftschiffkanzel.

Von außen gesehen, im Vorbeigehen, vom Brandenburger Tor oder von der Spree-Promenade aus, ist der Reichstag ein einsamer Bau geblieben, trotz Mauerfall und Einzug des Bonner Parlaments. Er kam zu früh für die Demokratie, und die Demokratie kam zu spät für ihn. Mit seiner Einsamkeit wehrt er sich. Denn belanglos geworden ist er nicht. Zumindest als stehende Außenhaut und architektonischer Apparat bleibt er eine Herausforderung im recht glatten Stadtbild der Berliner Republik.

Parlamentsgebäude

Nicht Reichstag und Kanzleramt liegen sich gegenüber, sondern Kanzleramt und Paul-Loebe-Haus. Sie liegen sich gegenüber wie die legendären Panzerschiffe Marrimac und Monitor, und angesichts des gemeinsamen Festgezurrtseins auf dem Schultes'schen Regierungsband ist es ein Gegenüber Auge in Auge. Sie belauern sich, über den missglückten Zwischenraum des nicht vorhandenen Bürgerforums hinweg.

Obwohl so unverrückbar auf die Gleise des Schulte'schen Bandes gesetzt, sind sie ihrer Architektur nach aber nur oberflächlich Verwandte. Je länger man hin und her sieht, desto verschiedener zeigen sie sich. Das Kanzleramt ist das freiere der beiden Großgebäude, so als hätte sich gerade der Erfinder der Gesamtanlage von ihren Zwängen auch am ehesten wieder frei machen können. Das Parlamentsgebäude dagegen hat sich in sein Schicksal ergeben, ja, es machte aus der Lage das Grundprinzip seines Aufbaus, und so ist es auch nicht zum Wundern, daß diese typologische Folgerichtigkeit zugleich der entscheidende Impuls für die Entwicklung der Architektur geworden ist.

Die Fassade gegenüber dem Kanzleramt macht ratlos. Sie ist groß, nüchtern, leer und sagt nicht mehr als dies: Ich bin Fassade, und zwar nicht einer Bank, sondern eines staatlichen Organs. Typologisch handelt es sich um die älteste Idee gebauter Staatlichkeit, Säulen, Vorhalle, Dach, darunter und dahinter Dunkel. Das ist der säkularisierte Tempel. Stefan Braunfels*, der Architekt, weiß natürlich auch, daß das Motiv durch Klassizismus, Nationalsozialismus und Stalinismus verbraucht ist. Aber er überträgt es, anders als Schultes, daraufhin nicht in erzählende Bewegung, sondern magert es nur noch weiter aus. Diese Säulen sind so spindeldürr, dieses Dach so pappedünn, dieses Dunkel so sehr hochtechnisches Glas mit Durchsicht auf Pförtner, Sicherheitspersonal und Kunst am Bau, daß keinerlei ideologischer Vorwurf mehr einen Haftpunkt fände. Aber damit ist die Fassade auch ganz leer. Sie spricht von nichts, sie will nichts von mir, sie ist da, weil das Parlament da ist.

Hinter der Fassade ist auch nicht die Fülle. Es handelt sich um einen riesigen Kasten, in den acht Gebäude knapp unter der Hochhausgrenze eingestellt sind, senkrecht gestellt zu einer über die ganze Länge vom Eingang bis hinten zur Spree durchlaufenden Halle. In den angeflanschten Gebäuden befinden sich Sitzungssäle und Büros. Die Halle ist immer menschenleer, sie ist einfach so groß, daß es, unter den eingeengten Bedingungen repräsentativer Demokratie und sicherheitstechnischer Durchleuchtung jedes Besuchers, keinen Zweck geben kann, der sie füllen würde. Es handelt sich um eine Bahnhofshalle, der man ihr wirkliches Objekt, die Züge, weggenommen hat. Nirgendwo sonst im Parlaments- und Regierungsviertel ist das Mißverhältnis zwischen Raum und Nutzung so anschaulich, nirgends also auch jenes zwischen der ameisenhaften Masse und Geschäftigkeit des demokratischen Apparats und der Schwindsüchtigkeit der resultierenden Politik.

Der Eindruck wechselt aber stark, wenn man die Parlamentsarchitektur, diese für sich genommen, von der Spree aus angeht. Die Bebauungsplan gewordene Mißachtung der Spree ist hier vom Architekten in ein neues Thema verwandelt worden, die Spree als Canale Grande. Die Architektur rückt ganz dicht ans Wasser heran. An ihrem Fuß führt die Spreepromenade nur wenige Zentimeter über dem Wasserpegel vorbei, und Stufen, über die bei vorbeifahrenden Schiffen das Wasser spült wie in Venedig, stellen die unmittelbare Berührung mit dem Fluß frei. Die Fassaden der beiden Haushälften, Paul-Loebe-Haus auf den Südufer, Marie-Louise-Schröder-Haus auf dem Nordufer, beobachten sich wie in der Luhmann'schen Figur der beobachteten Beobachtung wechselseitig durch die Brille der vorgestellten riesigen Okuli, während die Doppelbrücke, unten der geschwungene Steg, oben das Brett der – so sehr schön die Spötter – „Höheren Laufbahn", die Gebäudeteile zusammen binden. Wo gäbe es sonst, von Venedig abgesehen, diese Intimität von Architektur und Fluß? In den großen Flußstädten, London, Paris, Wien, Budapest, Prag, Dresden, ist sie nicht möglich, da ist der Fluß viel zu stark.

Moabiter Werder

Das ist heute im wesentlichen die „Schlange", ein Mahnmal der Beschränktheit des politischen Bonn. Das Politik- und Beamtenmilieu hatte ja wenig Lust, nach Berlin umzuziehen. Die meisten Politiker sind noch heute Berliner nur zwischen Morgen- und Abendflieger. Daß diejenigen Bonner Beamten und Angestellten, die nun einmal notgedrungen umziehen mußten, in den Niederungen des gewöhnlichen Berlin wohnen wollten, konnten man sich weder vorstellen noch wollte man es ihnen zumuten. Folglich mußte der Bund eine eigene Siedlung für Bundesbedienstete errichten.

Der Moabiter Werder war einmal, wenn nicht gerade Insel, dann Sumpf, also nie städtisch bebaut. Auf dem einstigen Güterbahnhof hatten sich in der Nachkriegszeit Speditionen eingerichtet, in den achtziger Jahren hatte der Berliner Senat geplant, dort eine Reihe Wohnhochhäuser zu errichten, eine Fortsetzung derjenigen, die das Hansa-Viertel begleitet. Nach der Wende kassierte der Bund Planung wie Wettbewerbsergebnisse, und Ergebnis eines neuen Wettbewerbs war die Schlange, eine Großwohnanlage aus einem Guß, deutlich an die Siedlungsbauten der zwanziger Jahre angelehnt, in Ausmaß, Schlängelung und Backsteinverkleidung aber eher von den Rändern der Madrider Stadtautobahn abgeguckt.

Daß man gerade diesen Entwurf ausgesucht hat, auch das dürfte bezeichnet sein. Was ihn auszeichnet, ist, daß er nichts, absolut nichts mit der damals, den frühen neunziger Jahren, in Berlin laufenden Diskussion um Stadtarchitektur, Urbanität, Block und Parzelle, soziale und funktionale Mischung zu tun hat. Thema war hier gerade das Gegenteil von alledem. In der Neomoderne seiner Architektur ist er so ein Monument des verwaltungsmäßigen Weiter-so. Dann hat man aber davor, also zwischen Schlange und Spreeufer, einen Streifen Parklandschaft gelegt, der ganz anders ist: witzig, urban, abwechslungs- und überraschungsreich. Das ist jetzt so, als wären da nicht hunderte Durchschnittswohnungen aneinandergereiht, sondern es gäbe ein Schloß, das sein Parterre entfaltet.

Zur Schlange ist noch zu sagen: Merkwürdigerweise haben die, für die die Anlage gebaut war, keineswegs Schlange gestanden, um hineinzukommen. Die meisten hatten sich offenbar, als es so weit war, schon so im wirklichen Berlin eingelebt, daß sie nicht mehr tauschen wollten. Man mußte also auf den normalen Berliner Wohnungsmarkt zugehen, um Bewohner zu finden.

Das Mahnmal

Wie es dazu kam, ist eine lange Geschichte, die hier außen vor bleiben mag. Angesichts der Massivität der Anlage und ihres vergleichbar massiven Publikumserfolgs ist die interessantere Frage die, was es ist. Die ehemaligen Ministergärten, auf deren Terrain die Anlage zu liegen kam, sind ja nicht gerade der ausgewiesene Täterort. Sie waren nach der Wende unbespieltes Gelände in Bundesbesitz, und das Mahnmal mußte nun einmal irgendwo untergebracht werden, wo noch nichts war und keine Altansprüche entgegenstanden. Schon dies zeigt, daß es nicht aus der linken westberliner Gedenkstättenkultur heraus entstanden ist – diese war stets an der Authentizität von Orten orientiert.

Aber auch an Minimalismus. Der Schrecken Berlins vor der Wende war ja die Leere. Diese Brachflächen beidseits der Mauer redeten vom Untergang, von Bodenlosigkeit und Verschwinden. Gedächtnisarchäologie hatte sich in die darunter verborgenen Schichten einzugraben. Die ständige Berührung mit der schweigsamen Negativität des Gewesenen verband sich unweigerlich mit der deutschen Schuld. Ein Mahnmal, das mit dieser Schuld zu tun hat und sich hinstellt wie ein Bismarck- oder Völkerschlachtdenkmal, als positive Masse, das war undenkbar, und als die Idee aufkam, fand sie im maßgeblichen intellektuellen Milieu keine Unterstützung – die kam von außen und von oben.

Nun ist es da, ein Produkt von Wende und Regierungsumzug, und damit des Zugriffs einer ganz anderen Ebene, die man vorher nicht im Blick hatte. Offiziell ist das Mahnmal eines für die Ermordung der Juden Europas – der Terminus Holocaust kommt da nicht vor. Ohne die Holocaust-Museen erst in den USA, dann auch in europäischen Hauptstädten hätte es dieses Mahnmal nicht gegeben; so, wie es ist, ist es ein Globalisierungsprodukt, ein Signal, mit dem sich die Bundesrepublik als solche im Namen der Nation vor einer USA-zentrierten Weltöffentlichkeit politisch legitimiert, und nicht etwa kulturell. Aus schmerzhafter, gegen das nationale Nichtwissenwollen anarbeitender Gedächtnisanstrengung ist selbstbewußte staatliche Gedenkpolitik geworden.

Das hat unweigerlich die Auswahl gerade des Eisenman*-Entwurfs bestimmt. Eisenman hat das Terrain gefüllt. Nicht die Negativität ist inszeniert, sondern die schiere Menge. Die Menge steht nicht in Korrelation mit der Menge der Ermordeten – das wäre unmöglich –, sondern zu Potenz und Anwesenheit des Staates, der neuen Bundesrepublik. Das unterscheidet es, mehr als der hochzivilisierte gefärbte Beton der Stelen, von einem unrühmlichen Paradigma massenhaften Gedenkens, das uns, den Adepten der Minimalität, in den siebziger

Jahren im Nacken saß: 798 soll Karl der Große 4000 Sachsen haben hinrichten lassen, die Zahl ist aller Wahrscheinlichkeit ein Schreibfehler, wenn überhaupt, waren es wohl bloß vier. Die angeblichen 4000 waren für die Nazis ein Grund, am Ort der angeblichen Bluttat 4000 Steine aufzustellen. Das war von plumper Wörtlichkeit. Davon kann hier, zwischen Wilhelmstraße und Brandenburger Tor, keine Rede sein. Nicht eine Zahl, sondern ein ästhetisches Konzept beherrscht dieses wogende Meer von Denksteinen.

Damit sind wir zunächst auf einem anderen Feld, dem der ästhetischen Kritik. Im Kunstbetrieb wäre das eine Installation. Eine begehbare: man kann sie in allen denkbaren Richtungen und Annäherungsweisen körperlich durchmessen und erproben, man kann darin eintauchen wie in ein Maisfeld, sich kreuzende Gassen und Achsen entlang schauen wie in einer Planstadt des Barock. Aber sie ergreift nicht. Zu sehr stehen die ästhetischen Vorstellungen des Konstruktivisten Eisenman im Vordergrund – Vorstellungen, die, wie auch sonst bei Eisenman, der Realisierung nicht gewachsen sind, sondern, realisiert, ein zu hohes Maß an Banalität entlassen. Das Gedachte wird nicht Wirklichkeit.

Dagegen steht zweifellos eine andere Möglichkeit der Annäherung. Das Stelenfeld evoziert einen Typus, den des jüdischen Friedhofs. Auf die technischen, wirtschaftlichen, logistischen Züge des Mordens, also das, was den Genozid an den Juden Europas so unvergleichlich macht, findet sich keinerlei Hinweis. Eisenman hat offenbar versucht, das nachzutragen, was im fließbandmäßigen Morden der SS ausgeschaltet war (ausschalten: ein Lieblingsausdruck der Nazis): den eigenen, wahrgenommenen Tod. Die Vernichtungsmaschinerie der Todeslager hinterließ keine menschlichen Spuren des Einzelnen, nur Rauch und wenige Rohstoffe. Es muß immer erst etwas erfunden werden, woran dann die Trauer, das Bewahren ansetzen kann.

Was tatsächlich entstanden ist, ist jedoch merkwürdig affektfrei. Gleichwohl ist das Mahnmal unglaublich erfolgreich. Offenbar wird es gebraucht. Was tun die Besucher eigentlich? Üben sie ‚Es ist vorbei', und wir üben auf einem Ackerfeld des Todes Vergänglichkeit ein? Vielleicht. Sind sie dazu nicht zu fröhlich? Vielleicht. Vielleicht stiftet gerade dies auf die Dauer tatsächlich ein gewisses Maß an innerem Frieden.

Pariser Platz

Über diesen Platz wäre ein Buch zu schreiben. Geschichte und Geschichten ballen sich hier, vom Königsplatz des preußischen Absolutismus bis zum Wohnzimmer der heutigen Republik. Da kann ich mich, im Rahmen dieser meiner Miniaturen, nur wegducken. Aber ihn auslassen, das geht auch nicht. Zu sehr stand er in den Jahren des Wiederaufbaus im Mittelpunkt des Streits um Architektur und Nutzung, zu weit war ich selber daran beteiligt, daß er so geworden ist, wie er jetzt ist. 1990 war der Platz leer. Das Brandenburger Tor stand frei in einer durch die Mauer und ihre Vorfeldabstände bestimmten Abbruchfläche. Nur zwei Hintergebäude der früheren Bebauung – das Ausstellungsgebäude der Akademie der Künste und, gegenüber, ein Seitenflügel des IG-Farben-Baus der dreißiger Jahre, bildeten nach Osten, am Ansatz der Linden, einen spärlichen Hintergrund. Derzeit, einundzwanzig Jahre später, ist mit der Amerikanischen Botschaft das letzte noch fehlende Gebäude am Platz fertiggestellt. Zumindest das historische Carré ist wieder da.

Der Streit der neunziger Jahre ging weniger um die Nutzung als um Architektur. Die früh erreichte Entscheidung, den Platz auf historischem Grundriß zu belassen, brachte es mit sich, daß die alten Grundstückteilungen ungeschmälert in Geltung blieben. Bei drei Grundstücken – Französische Botschaft, Botschaft der USA und Akademie der Künste, war eine Kontinuität der Nutzung gegeben. Auch das Grundstück des ehemaligen Hotels

Adlon wurde umgehend wieder zum Hotelprojekt. Drei Grundstücke gingen an Banken, die verbleibenden zwei an potente Grundstückgesellschaften. Der heftige, über Jahre hinweg im Feuilleton der großen Tageszeitungen tobende Streit ging dagegen um Architektur: zum einen um die Gestaltungssatzung des Senatsbaudirektors Hans Stimmann*, welche steinerne Fassaden vorschrieb und die Menge verglaster Flächen beschränkte, zum anderen um die einzelnen Projekte selbst, allen voran der mickrige Traditionalismus des neuen Adlon, die trotzig durchgesetzte Glasfassade der Akademie und die historischen Rekonstruktionen der beiden das Brandenburger Tor flankierenden Gebäude von Josef Paul Kleihues*. Kleinere Streitfälle, die vor allem die Normalberliner bewegten, galten dem Brandenburger Tor: erst die Frage, ob es weiter bzw. wieder durchfahren werden dürfe, und dann, als eine gründliche Wiederherstellung erforderlich wurde, die Farbe des Tors. Reinen Historismus betrieb nur die Gartendenkmalpflege, indem sie ungerührt auf den Platzseiten die beiden Grünflächen des Zustands um 1900 wiederherstellte.

Worüber ist nun noch sinnvoll zu reden oder zu streiten? Gute wie schlechte Architekturen gehen in eine Gesamtfigur ein, die, trotz aller Widersprüche, einen so festlichem wie letztendlich sinnleeren Stadtraum bereit stellt. Die Hochsicherheitsstandards der Mehrzahl der Gebäude reduziert sie für den Normalbesucher ohnehin auf bloße Außenseiten. Die große Architektur der Französischen Botschaft bildet also im Grunde auch nur Platzwand, nicht anders als die unglaublich kleinkarierte der USA-Festung, und so stark die bemühte Durchsichtigkeit der Akademie vom Büro Behnisch* abfällt gegen den Nachbarn, der geglückten Gehry-Fassade* der DZ-Bank, so einvernehmlich bildet beides die Schattenwand des Platzes. Alles Gewicht liegt vielmehr auf der Platzfläche selber. Sie ist das kleine noch mögliche Fest – wenn nicht der Demokratie, dann doch der Besucher, Bürger und Benutzer.

Alles in allem hat sich der Bund nach 1992 in Berlin bewegt wie der Elefant im Porzellanladen: ohne Rücksicht auf Verluste, und er tut es weiter. Die Bonner Politiker waren gewohnt, in *compounds* zu arbeiten, hochgesicherten Zweckbauten der schrecklichsten Machart. Gewiß haben sie vielerorts historische Bauten übernommen, so angenehme wie die Pépinière, die Ausbildungsstätte der Militärärzte an der Sandkrugbrücke, oder das ehemalige Bergbauministerium auf der gegenüber liegenden Seite des Invalidenparks, auch so schwierige wie die Reichsbankerweiterung, nachmals ZK der SED, oder das Goebbelssche Propagandaministerium und Göhrings Reichsluftfahrtministerium. Ministerien, die in Bonn blieben, haben ihre Berliner Dienststellen auch recht gut parzellengenau eingetaktet.

Insgesamt aber ergibt sich ein anderes Bild. Kein Ministerium ist in den Osten Berlins gezogen, nach Lichtenberg oder Treptow, obwohl es genug Gebäude und Vorschläge gab. Die seit Erbauung leer stehenden, teils nicht einmal ausgebauten Nutzungsvolumen des Tempelhofer Flughafengebäudes hätten reihenweise Ministerien beherbergen können. Unter anderem auch den BND, den man statt dessen in Mitte abgestellt hat, an einer Stelle, wo stadtplanerisch gerade Öffnung und Verbindung durch ein neues Wohnviertel nötig gewesen wäre statt weiterer Abschließung eines ohnehin schon durch Barrieren und Abschließungen geplagten Stadtgebiets.

Und wieviel Verhandlung war möglich, um an der nördlichen, ehemals Neuen, Wilhelmstraße eine minimale Öffnung der Parlamentsgebäude zu erreichen, mit einem ernüchternden Ergebnis. Wo der Bund ist, hört die Stadt auf, beginnen geschlossene Apparate und breitet sich Öde aus. Es gibt kein mausetoteres Viertel als die westliche Dorotheenstadt. Inzwischen greift der Bund auch nach der Friedrich-Wilhelm-Stadt westlich der Stadtbahn: Kapelle-Ufer und Schiffbauer Damm, ein Ministerium neben dem anderen. Der Baustadtrat des Bezirks Mitte hat inzwischen die Alarmglocke geläutet. Das Kapelleufer ist wenigstens, grenzbedingt, leer. Der Schiffbauer Damm dagegen zeigt noch heute in seiner Parzellierung und Bebauung, trotz des riesigen Großtafel-Riegels Nr. 12 – 18, Züge seiner bewegten und zum Teil glanzvollen Geschichte – wenn es nach den Planungen geht, wird weggerissen und ein Großbau hingesetzt, der in seinem avantgardistisch gemeinten Autismus jeden Kontakt zu Stadtstruktur und Ortsgeschichte verweigert. Weiter westlich, jenseits des Hauptbahnhofs, entsteht auf der Fläche des ehemaligen Zoll- und Güterbahnhofs an Alt-Moabit das neue Innenministerium als Festung und versperrt gezielt die Unterführung, die es unter der Straße mit dem entstehenden Bahnhofsviertel verbinden könnte.

Und schließlich, noch Kapitel Reserveflächen, die Wilhelmstraße zwischen Leipziger und Zimmerstraße: 21 Jahre nach dem Fall der Mauer und der deutschen Vereinigung ist hier nichts weiter als Leere. Man könnte die Fläche ja einmal brauchen. Daß dieses Loch seit zwei Jahrzehnten die Entwicklung der westlichen Leipziger Straße und ihres Umfelds stagnieren läßt – kein Problem des Bundes. Aber das interessiert ja auch den Senat nicht, wie der Umgang mit der übrigen Leipziger Straße zeigt.

Westen

Potsdamer Platz

Hier fängt, block- und teilungspolitisch, der Westen an. Und so ist, instinktiv, das zerstörte Viertel vor dem Potsdamer Tor auch gebaut worden. Begnügen wir uns mit dem Platz selber, um diesen Umstand ausreichend zu würdigen. Der Potsdamer Platz war als Platz vor dem Potsdamer Tor entstanden. Als hier nach 1840 in dichter Nachbarschaft Anhalter und Potsdamer Bahnhof entstanden, stauten sich hier die Hotels und Vergnügungsetablissements, welche die ankommenden Reisenden aus Provinz und übriger Welt auffingen. Es gab aber dennoch ein gewisses Gleichgewicht zwischen Innen und Außen, dem Leipziger Platz einerseits und dem verkehrsumtobten Potsdamer Platz andererseits. Dann kam die Zonen-, spätere Staatsgrenze, der Potsdamer Platz wurde auf seiner östlichen Hälfte Osten, auf seiner westlichen Westen, dazwischen seit 1961 die Mauer.

Von welcher Seite immer man heute den Platz betreten oder betrachten mag, von hinten oder vorne, von Norden oder Süden, von oben oder unten, stets ist klar, wo die Vorderseite ist, die Fassade. Zwei Hochhäuser bilden unmißverständlich ein Tor: links der streng gegliederte, backsteinsichtig verkleidete Turm von Hans Kollhoff*, rechts der haute couture-mäßig geschnittene gläserne Halbzylinder von Helmut Jahn*. Und was ist anderes der unverhohlene Impuls dieser Torfassade, als triumphierend nach Osten zu blicken und zu zeigen, wie weit der Westen es gebracht hat. Tatsächlich ist das Projekt eben auch von West-Berlin aus gedacht. Die Initiatoren, und in ihrem Kielwasser die Architekten, dachten allesamt nicht vom historischen Zentrum her, also, sagen wir einmal, aus dem Roten Rathaus heraus, sondern sie kamen im Geiste eher vom Ku'damm her oder vom Bahnhof Zoo, und daß auf ehemals feindlichem Territorium auch noch der Leipziger Platz gleich mit entworfen wurde, verdankte sich eher dem Bedürfnis, dem westberliner Triumphtor auf der anderen Seite ein Widerlager zu geben. Der Komplex Potsdamer Platz ist, bewußt oder unbewußt, das Siegesmonument des Westens.

Das fertige Gebiet ist auch nicht halb so aufregend wie die Debatten, die Planung und Entstehung begleiteten. Die Meinungsschlachten entlang der Wettbewerbe waren solche um das Selbstverständnis von Architektur und Stadtwahrnehmung, um Zukunft und Vergangenheit, Internationalisierung zu einer Zitadelle des globalen Kapitals oder Wiederaufbau eines Berliner Stadtviertels. Aber was ist tatsächlich da? Auf der Habenseite: eine Stadt unter Erde, vom überdimensionierten Regionalbahnhof über die Ver- und Entsorgungskatakomben bis zum südlichen Ast des Tiergartentunnels; darüber eine dicht gepackte Stadtinsel aus Unterhaltungsindustrie, Hotels, Einkaufsmall und Bürotürmen; ein Architekturmix aus HighTech und Revival der US-amerikanischen Dreißiger Jahre.

Auf der Sollseite: ein verschwundener Platz, der Namensgeber, eine verschwundene Straße, die alte Potsdamer, und überhaupt alles, was an Stadtgrundriß, Infrastruktur und Gebäuden 1989 noch da war, mit einer einzigen Ausnahme, der des Weinhauses Huth. Weggeworfen wurde alles, was an unterirdischer Stadt noch da war, alles, was an wirklichem Berlin und an anschaulicher Geschichte über der Erde lag, weggeworfen wurde die Möglichkeit, auf dem vorhandenen Stadtgrundriß mit seinen großzügigen Straßen und Parzellen normale Großstadt zu bauen, bzw. einfach ein Stück Berlin wieder aufzurichten.

Scharf umrandet, wie mit dem Tortenmesser geschnitten, sitzt diese Masse inmitten eines im übrigen eher von lose Herumliegendem geprägten Gelände. Um Anschluß an die übrige Stadt hat man sich nicht bemüht, alle Energie galt der eigenen Insel. Nach Osten wird irgendwann der Leipziger Platz aufschließen – er wird sich dann, hoffentlich, seinerseits auch besser gegen das vor ihm aufragende Getümmel schützen. Nach allen übrigen Richtungen sieht man kaum, wie hier der Anschluß zu Lebzeiten erfolgen soll.

Herz der Stadt? Ganz bestimmt nicht. Herzverpflanzungen bergen bekanntlich das Risiko, daß der Körper das fremde Organ abstößt. Das ist hier der Masse wegen kaum vorstellbar. Bleibt also nur die andere Aussicht: daß Berlin das fremde Organ, dieses Konstrukt aus Broadacre-City* und Broadway, in immer neuen Anläufen über lange Zeiten hinweg sich angleicht. Das wird mit Sicherheit weit mehr Zeit als die eines Menschenlebens brauchen.

Ein ökonomischer Erfolg? Danach sieht es nicht aus. Zwei Milliarden Euro hat, angesichts der Maßlosigkeit des Vorgehens, allein der Daimler-Teil gekostet. Angesichts der vielen Pleiten, Wechsel, Leerstände ist es ausgeschlossen, daß darauf eine auch nur annähernd entsprechende Rendite erwirtschaftet worden wäre. Inzwischen haben Daimler und Sony verkauft, mit erheblichem Verlust. Die derzeitige Konjunktur läßt die Mieten maßvoll steigen, damit wurde es für die nächste Investorengeneration rentabel, sich einzukaufen, und die Großen können ihr Abenteuer auf sachfremdem Gebiet erleichtert hinter sich lassen.

Breitscheidtplatz

Als ich, etwa elfjährig, zum ersten Male bewußt auf dem Breitscheidplatz stand, wohl 1951, hatte es geregnet. Wo seit Jahrzehnten das Europa-Center steht, erstreckte sich eine schier endlose Matschfläche. Kein Gebäude versperrte die Sicht, man blickte in Richtung der Budapester Straße bis zur Corneliusbrücke, und kurz davor stand noch ein einsames Haus, in welchem die Firma Philipps residierte – dorthin wollten wir, mein Vater und ich, einen Radioapparat zur Reparatur bringen. Der Tauentzien sah besser aus, vor allem auf der Südseite, das Defaka war in Funktion, im Rücken hatten wir die Ruine der noch nicht abgetragenen Gedächtniskirche, und links, rechts und dahinter wurde gebaut. Dazu Autos und viele viele Menschen.

Das also war der Start zur City West. Kaufhäuser, Kinos, Hochhäuser, das Bikinihaus als Ikone wiedererlangter Moderne, der Neubau der Gedächtniskirche, das Europa-Center mit dem ersten Hochhaus, so amerikanisch, als hätten Skidmore / Morris / Owens* es gebaut, dazu Filmfestspiele und unermüdliche Käufermassen, das war etwas, Schaufenster des Westens. Eine echte City ist daraus nie geworden, eher eine Behauptung. Wie hätte die Teilstadt als Vereinigung von ehemaligen Vororten das auch leisten sollen. Dann kam die Wende, und die westberliner City verlor ihre mühsam angesparte Zentralität zugunsten des alten Zentrums im Osten. Das heißt übrigens nicht, daß es jetzt im Osten eine City gäbe. Da wäre der Ort dazu, doch es fehlen dazu noch auf längere Sicht sowohl die stadtplanerischen wie auch die wirtschaftlichen Voraussetzungen.

Dem Breitscheidplatz sieht man das nicht an. Der Tauentzien brummt, und auf dem Platz selber tummelt sich noch immer eine Menge Leben, wenn auch nicht mehr so ganz wie in den besten Zeiten. Schon in den achtziger Jahre hatte sich das Zentrum der Sichtbarkeit vom Ku'Damm weg hierher verlagert, unmittelbar vor die Gedächtniskirche. Das hatte auch städtebauliche Gründe: Die „Schnalle" vor dem Europa-Center, eine achtspurige Verbindungsschlaufe zwischen Tauentzien und Budapester Straße, war ab 1980 geschlossen und durch eine gewaltige Volksbelustigungsanlage ersetzt worden, den Wasserklops. Der Platz wurde zur steinernen Wiese für alle und alles. So hatte sich, gegenüber der Flanier- und Demonstrationsmeile Ku'Damm, etwas sehr viel Moderneres entwickelt, ein popkulturell gemischter Schauplatz internationaler Kauf-, Schau- und Reiselust und raumgreifender Freizeitkultur. Die typisch westberliner politischen und kulturellen Szenen dagegen zogen sich in hochspezialisierte Kieze zurück.

Die Wende wurde nun, angesichts einer völlig neu zu ordnenden Verteilungsstruktur, zur ungewollten Herausforderung für die westberliner Immobilienherrscher. Sie verteidigen nicht nur die Quadratmetermieten der Vorwendezeit, sie wollten auch am Nachwendeboom teilhaben, und da es die ostberliner Brachflächen im Umkreis der Gedächtniskirche nicht mehr gab, blieb nur Abriß und maßstabsprengender Neubau. So kam es ab 1996 zu einer Fülle von Aufforstungsprojekten durch neue Hochhäuser, so als müsse man die virtuellen Hochhäuser des Alexanderplatzes bekämpfen. Der Umbau des Bikinihauses sollte mit einem neuen Hochhaus gestützt werden, und es begann der Streit um den Abriß des Schimmelpfeng-Hauses westlich der Gedächtniskirche zugunsten des Baus zweier Hochhäuser beidseits der Kantstraße, das eine unmittelbar auf dem Grundstück des abzureißenden Gebäudes, das andere im Hinterland an der Joachimsthaler Straße, mit dem Hardenbergplatz als Vorfeld.

Strittig war der Abriß, weil der Gebäudekomplex eines der sichtbarsten Zeugnisse des Wiederaufbaus der fünfziger Jahre war und als solches unter Denkmalschutz stand. Für den Abriß sprachen städtebaulich Gründe: Der Komplex erstreckte sich als Riegel zwischen Ku'Damm und Hardenbergstraße und machte den Beginn der Kantstraße, die er überbrückte, zu einem häßlichen Hinterhof. Für diesen Gewinn würde man aber die Hochhäuser hinnehmen müssen, welche das städtebauliche Gleichgewicht des Platzes vernichten und die Gedächtniskirche in den Schatten stellen würden.

Dann dümpelten beide Projekte, krisenbedingt, fast ein Jahrzehnt vor sich hin. Die Eigentümer, die Mietinteressenten, die Architekten und die Entwürfe wechselten. In der Zwischenzeit trat das Bikini-Haus wieder in den Fokus. 2002 wurde es weiterverkauft, und der neue Investor stellte nicht nur eine weitere Umbauplanung vor, sondern drängte auch, die längst geplante Schließung des Autotunnels im Zuge der Budapester

Straße endlich umzusetzen. Der Tunnel hatte, einschließlich des begleitenden Hochbeetes, jahrzehntelang zwischen Platz und Straße eine nicht überschreitbare Grenze gebildet, ohne verkehrstechnisch mehr als eine teure Angeberei zu sein. Im Folgejahr wurde er zugeschüttet und der Platz einer Reinigungskur unterzogen. Seitdem kann man sich gar nicht mehr vorstellen, welchen Unsinn der Autowahn der Nachkriegsmoderne hier angerichtet hatte.

Wenige Jahre später kam auch wieder Bewegung in die Hochhaussache westlich des Platzes. 2007 wurde die Erlaubnis zum Abriß des Schimmelpfeng-Hauses erteilt, der Abriß ist inzwischen erfolgt, die Kantstraße wieder zur Gedächtniskirche geöffnet, das Zoo-Fenster steht als vielfach gestufter 33-geschossiger Hotelkomplex da, auf das Pendant wartet man noch.

Nähere ich mich heute dem Breitscheidt-Platz, dann muß ich erst einmal den freigeschaufelten Blick in die Kantstraße verkraften. Darauf ist weder der Platz noch irgendeines der Gebäude eingerichtet. Wo bisher eine Wand war, blickt man ins Helle, wenn auch freundlich aufgefangen vom Kant-Dreieck, dessen erzwungene Niedrighaltung ihm jetzt zum Vorteil gereicht.

Der Platz selber ist erheblich übersichtlicher geworden, gleichsam bereinigt. Auch von seiner Geschichte, ob wilhelminischer Protz oder westberliner City-Fiktion. Ob ihm das bekommt? Das Menschengewimmel ist nicht mehr so dicht wie früher, und die neue Flächigkeit hat fast etwas Irreales: die Personen wirken darauf wie aus einem computergenerierten Architektenbild eines Platzes, den man gerade erst entwirft. Aber was will man? Die Zeit, wo Plätze noch eine gesellschaftliche Aufgabe hatten, ob Markt, Flanier- oder Demonstrationsort, und den Benutzern etwas abverlangen, sie sind vorbei. Jeder öffentliche Druck ist weg, was bleibt, ist das entspannte Kommen, Schauen, Gehen.

Ku'Damm, Ecke Joachimsthaler

Die Auswahl an westberliner Orten, die sich nach der Wende und in ihrer Folge wirklich verändert haben, ist im übrigen mager. Einer ist sicherlich diese westberliner Kreuzung schlechthin. Über Jahrzehnte war sie der Höhepunkt westberliner Großstadtmäßigkeit, Inbegriff von Stadtöffentlichkeit, was hier geschah, davon war sicher, daß es gesehen wurde. Kein Achtundsechziger, der nicht hier demonstriert, ein Transparent geschwenkt, auf der Kreuzung gesessen hätte oder von ihr durch die Wasserwerfer der Polizei vertrieben worden wäre, während das Publikum vor dem Café Kranzler saß, Kuchen kaute und interessiert zuschaute.

Das ist lange her. Hier zu demonstrieren, lohnt sich schon lange nicht mehr, so wenig wie auf dem Alexanderplatz. Das liegt nicht nur an der Marginalisierung des Demonstrierens und der Demonstrierer. Die Topografie überhaupt der anerkanntermaßen öffentlichen Orte ist seit der Wende grundlegend verschoben. Nicht einmal die Love Party hat es, kaum daß es sie gab, auf dem Ku'Damm gehalten, sie zog in Richtung Brandenburger Tor. Nach der Wende hatte auch das internationale und westdeutsche Baukapital sich sofort und ausschließlich auf das alte Zentrum geworfen, das westberliner Ersatzzentrum war in ihrer *mental map* nicht verzeichnet. Daß der Ort seinen Stellenwert verloren hat, kann also gerechterweise kein Vorwurf sein.

Wohl aber, wie das alte Westberlin damit umging. Warum gerade diese Kreuzung Ku'Damm Ecke Joachimsthaler derart aus dem Leim gegangen ist, hat natürlich mit ihrer Prominenz zu tun. Es begann mit dem Drama des Kranzler-Grundstücks, genannt Viktoria-Areal. Die Versicherung dieses Namens hatte sich nach der Wende die heute vorhandene Bebauungsdichte ausgehandelt gegen das Versprechen, dafür dort zu bleiben. Kaum hatte sie den Vertrag, verkauft sie das Grundstück, Pech für den Senat. Derart reingelegt, mußte man den Glaspalast von

Helmut Jahn schlucken. Dieses von Ehrgeiz strotzende scharfkantige Gebilde hat nach Größe wie Geschmackskultur den Eisbrecher gespielt. Danach war die Maßstäblichkeit des Ortes nicht mehr zu halten. Das Kranzler wurde als Konzession an die Westberliner stehen gelassen, aber herausgeschnitten wie ein Kuchenstück und dabei halbiert. Das war irreparabel.

Dann kam der Abriß des Düttman'schen Einkaufzentrums* auf der Südostecke, schräg gegenüber. Dieser Bau hätte besseres verdient, er gehörte mit seinem spiralförmig aufsteigenden Umgang, seiner Mischung von Geschäft und Unterhaltung, von U-Bahn-Anschluß und Riesenbildschirm, zu den interessantesten Produkten der an spannenden Gebäuden armen Berliner Spätmoderne. Irgendwie transportierte er auch noch ein wenig Vorgeschichte des Grünfeld-Baus*, der dort in den zwanziger Jahren errichtet worden war, dann arisiert wurde, im Krieg ausbrannte und dreistöckig wiederhergestellt zu einer der wichtigsten Kulissen der Nachkriegskultur wurde – auf den Fotos der 68er Demonstrationen ist es sehr schön zu sehen. Die jetzige Ecke hat nichts mehr davon, weder vom frühmodernen Chic des Grünfeld noch von der fröhlichen Robustheit des Düttmann-Baus. Die Anknüpfung durch den fünfgeschossigen Sockel mißlang GMP vollständig, wird sie doch umgehend durch die sich brutal darüber wälzende zwölfgeschossige Betontorte desavouiert. Da ist nicht nur jeder architektonische Maßstab verloren gegangen, sondern auch jeder Hauch von An- und Einpassung in ein vorhandenes Gefüge. Man sieht, wie das Projekt von innen her aufgepumpt wurde wie ein Gummiteil, um ein Maximum an Nutzfläche unterzubringen. Es hilft diesem Klops auch nicht, wenn sich dahinter der Hotelneubau an der Ecke Augsburger Straße erhebt, an Stelle des abgerissenen C&A, 18 Geschosse. Mag er ebenfalls zu groß geraten sein – trotzdem, und gerade weil er von Jan Kleihues mit einiger architektonischer Feinheit seiner Ecke angepaßt ist, trägt er dazu bei, die Ku'Damm-Ecke als etwas gleichsam Unanständiges zu verpetzen.

Klassisches Westberlin war, wenige Schritte nördlich der Kreuzung, das Haus Kant-, Ecke Joachimsthaler Straße mit dem Geschäft Ski-Hütte. Es ist abgerissen und durch einen ideenfreien Glaskasten ersetzt worden, der größtenteils leer steht. So könnte es weitergehen. Was hier passiert, ist die endgültige Liquidierung der Qualität „Westen". Statt sich gegenüber dem Wiedererstarken des alten Zentrums neu zu erfinden und dem alten Zentrum erneut die Qualität des alten Berliner Westens entgegenzusetzen, die doch im Kurfürstendamm nach wie vor drinsteckt, statt also offenerer, eleganterer, liberalerer zu sein, macht man auf Konkurrenz auf gleicher Ebene, und so sinkt der Ku'Damm zur Fortsetzung des hochgerüsteten Tauentzien herab.

Der Alte Westen

Der Alte Westen, das ist das ganze umfangreiche Gebiet jenseits der alten Berliner Stadtgrenze am Zoo, er reicht von Hardenberg- und Bismarckstraße im Norden bis hinab zum Volkspark, sein Rückgrat ist der Kurfürstendamm. Miethöhen bestimmen sich in der Regel nach Entfernung von diesem Rückgrat, aber insgesamt war das zu westberliner Zeiten ein Hochpreisgebiet. Was hier, zwischen Corneliusbrücke und Adenauerplatz, versammelt ist, ist ja die Oberschicht der westberliner Grundbesitzer. Alles, was auf sich hielt, Anwaltkanzleien, Ärzte und Steuerbüros der Oberklasse, Vertretungen aller Art usw., sammelte sich hier. Wer durch die Restaurant und Läden der Ku'damm-Seitenstraßen zieht, sieht sich, vom Prunk der Mietshäuser mit ihren gewaltigen Treppenaufgängen ganz abgesehen, in einem recht wohlbetuchten Gelände. Kein Vergleich mit dem noch bewohnerarmen historischen Zentrum.

Dem entsprechen auch die Jubelmeldungen über Geschäftsneugründungen und überhaupt die regelmäßigen Expertisen aus der Immobilienbranche zum Wohlergehen des Gebiets. Die

Regelmäßigkeit dieser Meldungen allerdings macht mißtrauisch. Der Tauentzien ist als Massenumschlag unschlagbar, die Fasanenstraße als Ort der Feingeister auch, doch insgesamt hat das Gebiet zu kämpfen. Alten Kurfürstendammgängern kann man da nichts vormachen, die alte Zentralität ist hin. Das schlägt sich nicht nur in ökonomischen Vergröberungen nieder, den Mietpreisforderungen der Grundbesitzer geschuldet, sondern auch in einem Aderlaß, was die tonangebenden Kanzleien, Steuerbüros, Arztpraxen usw. angeht, die es unaufhaltsam in die Nähe von Friedrichstraße und Gendarmenmarkt zog, dorthin, wo neue Zentralität entsteht. Die Grundbesitzer antworten darauf, indem sie sich weigern, die Mietpreise zu senken und lieber ihre Wohnungen leer stehen lassen. Das ist keine aussichtsreiche Strategie, denn das alte Zentrum legt laufend zu: Anders als hier im Westen, gibt es jede Menge Baugrund, und selbst ein so kleiner Schub wie das neue Viertel Friedrichswerder hat Auswirkungen bis hin zu den Grunewaldvillen. Der Westen ist reich, überaltert, kinderfrei, der Osten zunehmend jung und dynamisch.

Walter-Benjamin-Platz

Um so wunderlicher ist das Ereignis Walter-Benjamin-Platz: mitten im dichtesten Westen ein Kuriosum versuchter Zentralität, das einen in seinem unglaublichen Ernst und Anspruch an einer dazu ungeeigneten Stelle nicht gleichgültig lassen kann. Es ist kein Platz, eher eine offene Passage zwischen Wieland- und Leibnizstraße. Das zu Verfügung stehende Grundstück war einfach stärker als der große architektonische Wille.

Das Grundstück: ein unbebaut gebliebener Rest der alten Terrainspekulation, der sich der Westen insgesamt verdankt. Es war bisher nie bebaut oder vernünftig genutzt worden, so lange es Westberlin gab, hatte es lediglich als Parkplatz gedient. Hans Kollhoff aber wollte einen Platz bauen.

Doch ein Platz ist nicht einfach zwischen Hauswänden ausgesparter Raum. Das ist nur ein verbreiteter Irrtum von Architekten und Planern. Einen Platz macht man nicht, er ergibt sich von sich aus. Platz wird also nur der Ort, der schon vorher Versammlungskraft hatte, der gleichsam älter ist als die um ihn herum aufwachsenden Häuser. Die Qualität Platz mißt sich an der Fähigkeit eines Raumes, das ihn umgebenden Stadtgebiet zu erschließen. In dieser Hinsicht ist selbst noch der heutige Alexanderplatz hundertmal mehr Platz als der Walter-Benjamin-Platz.

Kollhoff setzte natürlich nicht nur auf die Raumform, sondern auch – er hatte die Längswände zu errichten – auf die Macht eines Architekturtopos, der umlaufenden Arkaden. In der Tat, da ist ein Stück Italien nach Berlin gewandert, man kennt diese Arkaden aus den norditalienischen Großstädten. Dort finden sie sich allerdings an den Punkten größter Verkehrs- und Geschäftsdichte, Bars, Tabakläden, Bankfilialen, Restaurant und Delikatessgeschäfte füllen sie, davor drängen sich Passanten, Zeitungsstände, Straßenhändler, Carabinieri, das Übliche.

Hier, auf dem Walter-Benjamin-Platz, fehlen Lärm, Platzmangel und Gedränge. So wird man viel zu sehr auf den Anspruch von Pflasterung und rahmender Architektur verwiesen. Kollhoffs Architektur ist von größter Ehrlichkeit und Genauigkeit – sie will sein und nicht darstellen oder gar blenden. Aber kann sie denn für alles aufkommen, was Ort, Zeit und Umstände nicht hergeben? Da sind die strengen, wohlgeformten, perfekt gegossenen Stützen, die so gerne Säulen wären. Wenn sie könnten und dürften. Wäre ihnen doch wenigstens, wie in Italien üblich, die eine oder andere Unterbrechung durch ruhige Pfeiler gewährt. So müssen sie von einem Ende zum andern durchlaufen, als sollten sie perspektivisch auf etwas hinführen. Aber am Ende ist nur das normale Leben: je nach Blickrichtung die Leibniz- oder die Wielandstraße und deren gutbürgerliche Mietshäuser aus der großen Zeit Charlottenburger Terrainentwicklung und Baukultur vor 1914. Den Arkadengängen hinter diesen Säulen fehlt das wesentliche: daß sie ein Schutz gegen zu viel Lebendigkeit draußen wären (gegen zu viel Sonne muß man sich in Berlin ja ohnehin kaum schützen). Den Doppelgeschossen der Geschäfte dahinter fehlt erst recht der Andrang der Käufer, die Knappheit der Fläche, die Lukrativität des Ortes, die für den Mangel an Licht entschädigen würden.

So bleiben diese Arkaden, überstanden von den betont stummen, streng gegliederten Flächen der sechs Wohngeschosse oberhalb des tragenden Doppelgeschosses, die groß gedachte Kulisse einer eher trägen Alltäglichkeit. Lange schien der Raum zwischen den beiden großen Architekturwänden gänzlich tot. Inzwischen hat sich aber dort doch einiges Kiezleben etabliert, welches das Abseits des Ortes und die Strenge der Inszenierung so gut es gehen mag überspielt. Was ist da also entstanden? Die Schmalseiten der offenen Passage verweisen nach wie vor jeden, der etwas über die eigenen Fußspitzen hinaus blickt, auf die merkwürdige Situation eines Implantats in einer Umgebung, die dieses Implantat im Grunde nicht trägt, gleichsam nicht will. Es war ja ohnehin ein Kraftakt. Vier Jahre dauerten die Auseinandersetzungen im Bezirk und zwischen Bezirk und Senat, bis das Projekt gebaut werden konnten. Die Anwohner wehrten sich bis zum letzten, sie wollten dort einen Park. Erst der Senat setzte die Investorenplanung endgültig durch, indem er das Bebauungsplan-Verfahren an sich zog.

Merkwürdige Duplizität der Verkennung: für einen Park war hier, im Rücken des Kurfürstendamms, so wenig der Ort wie für einen Platz.

Nicht umsonst wurden und werden weiter südlich die letzten Laubenkolonien überbaut. Die Leidenschaft zielte beide Mal, bei Architekten wie Anwohnern, weg von dem, was da ist, der behäbigen Mietshausstadt des Westens. Der Architekt wollte eine Zentralität, für die hier kein Anlaß war, die Anwohner die umgekehrte Evasion in Richtung Grün. So als wären sie in ihrer eigenen Wirklichkeit noch nicht angekommen. Und Walter Benjamin? Er, der in diesen gut- bis großbürgerlichen Mietshäusern aufwuchs, ist auf diesem Platz ferner denn je. Aber das ist nur dem namengebenden *correctness*-bewußten Bezirk anzulasten. Das, was entstanden ist, ist also auch so etwas wie ein Emblem des Westens: der große Traum der Zentralität, in eine Häuserlücke geflüchtet, gelebt mit der Muße eines Altersheimes. Dabei ist es die anspruchsvollste und konsequenteste Architektur, die seit der Wende im Westen Berlins gebaut wurde.

Autostadt Salzufer

Im alten Westberlin war es nicht weiter aufgefallen, daß die Spree noch auf weite Strecken ein Industriefluß war. Was jenseits des Charlottenburger Schlosses lag, entzog sich dem Blick des Städters und war vielleicht den Spandauern bekannt. Man sah diese Industrie bestenfalls zwischen Lessing- und Moabiter Brücke, wo auf dem Nordufer noch die Schüttmühle arbeitete und die Gebäude der Meierei Bolle. Die beiden großen westlich anschließenden Schleifen entzogen sich dagegen dem Blick, immerhin das ganze Stück zwischen Hansabrücke und Einmündung des Landwehrkanals. Hier war es das Südufer, das so gut wie vollständig von industriellen Nutzungen besetzt war, beginnend mit dem Gelände der Porzellanmanufaktur, endend mit den Anlagen der Wäscherei und Färberei Landrock, kurz vor der Gotzkowskybrücke.

Erschließungsachse dieses lange verschlossenen Gebietes zwischen Spree und Landwehrkanal war von Anfang an die Franklinstraße. Der Name reagierte schon auf die industrielle Bestimmung. Auf ihrer Westseite lagen um 1900 Fabrikanlagen von Siemens, auf der gegenüberliegenden Seite lagen die Färberei, die Maschinenfabrik Freund und die chemische Fabrik Heil. Zu westberliner Zeiten war die Straße ziemlich einsam, schweigsam und leer, links gab es, kam man vom Reuterplatz, die Bahnhofsmission, und in den alten Gewerbeanlagen, residierte die GSG, der öffentliche Träger für die vom Land Berlin übernommenen Gewerbehöfe, gegenüber lagen TÜV und Coca Cola.

Nach der Wende entdeckten die Grundeigentümer die hier liegenden Ressourcen. 1997 wurde ein Bebauungsplan erstellt, und kurz darauf begann die Daimler-Benz AG auf ihrem Gelände am Salzufer wieder das voran zu stellen, was sie am besten konnte: Sie errichtete, wenige Schritte von Charlottenburger Tor und Brücke entfernt, ein für Berliner Verhältnisse völlig neuartiges Gebäude, die Mercedeswelt. Einem Flughafenterminal ähnlicher, leuchtet seitdem das langgestreckte gläserne Gehäuse zur Straße des 17. Juni herüber, besonders nachts, wo es an dieser Stelle doch recht dunkel ist, so dunkel, daß die dem Städtetag gegenüberliegende Straßenseite als Straßenstrich nicht aus der Übung kommt. Das war die Initialzündung. 1994 wurde daneben noch das Hochhaus des Smart-Zentrums eröffnet, der städtebauliche Eck- und Haltepunkt des Neuen.

Dahinter hat sich inzwischen das verschlossene Gelände auch der Porzellanmanufaktur geöffnet, neue Straßen wurden angelegt, politisch korrekte Namen gefunden, vor allem, man kann jetzt vom S-Bahnhof Tiergarten aus, zwischen den Neubauten des Novotel und der Zentrale der Ärztekassenvereinigungen hindurch über die Gutenbergstraße das ganze Gelände der Porzellanmanufaktur durchqueren, findet dann zwar zwischen schachbrettartigen Wechseln von Bebauung und Nichtgebautem ein Stadtgebiet im Werden, kann jetzt aber bis zur Franklinstraße vordringen.

Dort wartet der zweite Teil. Berlin ist zwar eine relativ untermotorisierte Stadt – angesichts des guten Nahverkehrssystems hat bloß weit weniger als die Hälfte der Stadtbewohner ein Auto, der niedrigste Automobilisierungsgrad der Republik, aber: Für eine eigene Autostadt scheint es doch zu reichen. Denn hier sind in rascher Folge in den letzten Jahren weitere blitzende Autowelten entstanden, erst das Chrysler- und Jeep-Zentrum, dann

Porsche, dann das größte Audi-Zentrum Europas, als letztes, wenn auch nicht lange, die größte deutsche Toyota- und Lexus-Vertretung, dort sitzt jetzt Volkswagen. Da ist viel Glas, sind große Hallen und Werkstätten zu sehen, mit Urbanität hat die Sache nichts zu tun. Die Franklinstraße ist das Gewerbegebiet geblieben, das sie war, ein merkwürdiger Widerspruch zwischen der lockeren Lagerung der großen Behälter und dem erheblichen Aufwand an Stahl, Glas und inszenierten Innenwelten. Es ist eben eine Autostadt: innerstädtische Peripherie der Gewerbezentren, ein Marktplatz für Autokäufer und nicht für Stadtbummler.

Moabiter Brücke

Wo eigentlich wurde im Westteil der Stadt zuerst sichtbar, welchen Sprung die Stadt mit der Wende gemacht hat, und wo am spektakulärsten? Kein Zweifel, das war das alte Moabiter Industriegelände an der Spree zwischen Lessing- und Moabiter Brücke, genau gegenüber dem Hansa-Viertel. Hier wurde ein neuer gewerblicher Stadtteil hochgezogen zu einer Zeit, als auf dem Gelände von Daimler und Sony am Potsdamer Platz noch kein einziger Kran zu sehen war. Es war nur so, daß die öffentliche Aufmerksamkeit anderweitig gebunden war und sich erst spät auf das vernachlässigte Territorium zwischen Alt-Moabit und Spree richtete. Aber spätesten Anfang 1994 war, wenn man über die Moabiter Brücke ging, das Phänomen nicht mehr zu übersehen: eine Art Klein-Chicago an der Spree. Für diesen stadttouristischen Blick von der Brücke ist denn auch das Prachtstück der Uferentwicklung entworfen, die Neubebauung des Bolle-Geländes. Hundert Jahre lang hatten dort die roten Backsteingebäude der legendären Berliner Meierei das Bild bestimmt, während ringsherum Uferstraßen mit gutbürgerlichen Wohnhäusern entstanden waren. Dann ging die Firma ein, und das Gelände stand zum Verkauf. Der westberliner Investor, mit Tiefkühlpizzen reich geworden, kaufte es 1989, noch vor der Wende. Mit der Wende lag das Grundstück aber plötzlich mitten im wiedervereinigten Berlin statt am östlichen Rand. Es bekam über Nacht einen ganz anderen Wert und eine unverhältnismäßig gesteigerte Perspektive.

Diesen Ruck sieht man dem Ergebnis durchaus an. Man hat von der Moabiter Brücke aus eine Art Bühnenbild vor sich, mit Vorder- und Hintergrund, schrittweise gestaffelten Höhen und einer rasanten Steigerung der Massen. Ganz vorne, direkt über dem Ufer, ist ein Teil eines alten Meiereigebäude erhalten worden und steht nun da wie jene Zehlendorfer Villen, hinter denen in den sechziger Jahren die westberliner Bauunternehmer, da sie sie nicht abreißen durften, ihre klobigen Mehrfamilienhäuser errichteten: Der Effekt ist so brutal kalkuliert, zielt so deutlich auf das denkmalbewußte Herz, daß es fast schon weh tut. Dahinter sind bewußt unterschiedliche Architekturen aus dem Baukasten bewährter Bilder aufgestellt, links, an einen nicht abgerissenenen langgestreckten Flügel der Meierei angebaut, das sechsgeschossige Abion-Hotel, rechts, an der Ecke der Kirchstraße, ein achtgeschossiger Gebäudeblock, der zum Wasser hin privilegierter Wohnkomplex ist, in den hinteren Bereichen Büromassen stapelt. In der Mitte ragt über allem der gewaltige Höhepunkt heraus: ein U-fömiges, vierzehn Geschosse hohes Bürohaus, das zwischen seinen Schenkeln eine steinverkleidete Schlucht bildet, während es nach vorne, zum Betrachter hin, in zwei runden fetten Glastürmen endet. Das Ganze erhebt sich über einer 30.000 Quadratmeter großen Tiefgarage. Ja, das ist wahrhaft prächtig und von internationaler Geschmacklosigkeit. Immerhin, vor allem das Hochhaus könnte beklemmend und autoritär wirken – Jean Nouvel hätte sicher ein geniales Schauermärchen daraus gemacht. Der Amerikanismus der Architektur ist aber so unbeholfen – die groben Details, die lächerliche steinerne Brustbinde der Glastürme ausgerechnet zwei Geschosse unterhalb der Oberkante, die eher zufälligen Sprünge in der Rasterung der Steinfassade –, daß dieser Effekt nicht eintritt: Das Ensemble wirkt in seiner groben Wahl der Mittel eher bieder. Ich bin Weltstadt, will es uns sagen, und immerhin, so provinziell es ist, so prächtig bleibt es.

Wenn man sich daran satt gesehen hat, sollte man aber den Standort wechseln und sich, am westlichen Ende des Ufergeländes, auf die nächste Brücke stellen: die Lessingbrücke. Auch dort ist ein Neubau zu sehen, der mit dem Blick des die Brücke überquerenden Betrachters rechnet. Sonst aber ist fast alles anders. Die mächtigen finsteren Bauten der Schütt-Mühle, die, vom Wasser her beliefert, jahrzehntelang das Bild bestimmten, wurden schon 1987 abgerissen, und was heute dort steht, war zur Wende schon fertig. Es handelt sich also um ein Projekt noch des alten Westberlin, zu einer Zeit geplant, als die westliche Teilstadt sich als Industriestandort neu zu erfinden versuchte. Gründerzentren standen auf der Tagesordnung.

Dieses hier, der Focus Teleport, wurde ausschließlich privat geplant und finanziert, mit dem Ziel, große und kleine Firmen der Medien- und HighTech-Industrie um gemeinsame Serviceeinrichtungen zu versammeln, und dies zu Mietpreisen, die auch Neugründungen den Einstieg ermöglichen würden. Von diesem Zweck her muß man auch die Architektur der Architekten Joachim Ganz* und Walter Rolfes* betrachten. Sie ist in Gruppierung und Dimensionierung der Baukörper wie Fassadenbildung so klassizistisch streng wie in ihrem durchgehenden Großtafelsystem sparsam und funktional. Nutzung, Ökonomie und Ästhetik greifen perfekt ineinander, ohne daß eines das andere dominiert und beschädigt hätte – das genaue Gegenteil zu dem zuvor von der Moabiter Brücke aus betrachteten Investment auf der Ostecke des Gebiets.

Messe-Damm

In den zwanziger und dreißiger Jahren des 20. Jahrhunderts entstand hier Berlins Akropolis der Moderne: das Haus des

Rundfunks, die großen Bürobauten am damaligen Reichskanzlerplatz, das Messegelände und seine Bauten an Masurenallee und Messedamm, der Funkturm, die Deutschlandhalle, die Nordkurve der Avus, der S-Bahnhof Westkreuz. Alles das hatte den Krieg weitgehend unbeschadet überstanden, noch in den 50er Jahren war hier das große Entrée der Teilstadt Westberlin für alle, die über die Transitstrecke mit dem Auto eintrafen. Welche Freude für den Bahnfahrer, wenn man im Interzonenzug, müde von langen Fahrzeiten und dem letzten Wartehalt auf offener Strecke im Grunewalder Bahngelände entkommen, den Funkturm erblickte. Wieviel Genugtuung, wenn man durch die Messehallen lief oder sich in den Messegärten sonnte. Ob Grüne Woche, Automobilausstellung oder Juryfreie, hier kam man hin, hier war das zweite Zentrum Westberlins. Der Bau des ICC fügte dem in den siebziger Jahren noch einmal eine neue Dimension hinzu, bestätigt durch das Kulturwunder der Ektabana-Skulptur des großen Ipousteguy*, das den schimmernden Riesenkasten, an sich ein in die Autobahnlandschaft gestellter Großstaubsauger, einigermaßen mit der Stadt versöhnte. Der Funkturm ist seitdem zu einem Spielzeug im Hintergrund geworden, von allem Zwang befreit, ihn (ja, so ist Berlin) mit dem unerreichbaren Eiffelturm zu vergleichen.

Seit der Wende hat sich auch hier viel geändert. Die Messe wuchs in internationale Dimensionen, das ICC wird, nachdem dies jahrelang in Diskussion war, nicht abgerissen, sondern saniert, die Messe hat sich nach Süden unaufhörlich erweitert und mit dem Südeingang an der Jafféstraße ein neues Gesicht gewonnen. Die Deutschlandhalle wird nun doch abgerissen und durch einen Neubau der Messe ersetzt werden. Die Messe wächst und plant. So weit so gut. Aber: Es ist eben nur noch die Messe. Alles, was geschieht oder nicht geschieht, bezieht sich auf sie. Die gesamtstädtische und gesellschaftliche Zentralität ist verflogen.

Und steht man derzeit am Messedamm, dann ist das Auffälligste dies: wie wenig sich geändert hat. Dabei sollte gerade hier, auf dem Parkplatz zwischen Kaiserdamm und ICC, sich alles ändern. Auch wenn das eine oder andere irgendwann tatsächlich kommen wird, der Messedamm ist konkurrenzlos als Ort der nicht realisierten Investititonen, der unerfüllten Ankündigungen. Ab 1990 plante der schwedische Baukonzern Skanska hier „die größte private Bauinvestition der Berliner Nachkriegszeit", den Teleport. Dabei sollte sogar noch der gegenüber liegende Omnibusbahnhof überbaut werden. Doch schon ab 1993 verlor man die Lust, bis sich Skanska überhaupt abmeldete. An der Ecke zum Kaiserdamm wollten zwei Jahre später Berliner Volksbank und, damals, DaimlerChrysler einen Komplex mit daraus aufsteigendem runden Turmhaus bauen. Zur Jahrtausendwende rollte eine zweite Planungswelle an: ein Hotelturm Ecke Kaiserdamm und ein zweiter gegenüber dem ICC, dazwischen ein Bürokomplex. Ein Jahr später wurde ein Wettbewerb unter Messeregie entschieden, dessen Ergebnis drei unabhängige Baukomplexe vorsah. Gleichzeitig beplante man den Hammarskjöldplatz – das ist der Parkplatz vor dem Palais am Funkturm – mit einer Tiefgarage und einem Pavillon, und das Gelände des 1997 geschlossenen St. Hildegard-Krankenhauses mit einem weiteren, mal ein-, mal zweigipfeligen Hotelhochhaus, und 2002, inzwischen gab es einen Bebauungsplan, glaubte man dafür sogar einen Investor zu haben. Nach manchem Hin und Her wurde das Projekt 2009 durch das Abgeordnetenhaus verworfen. Als neuer Standort des von der Messe geforderten Messehotels kam damit wieder der Parkplatz am Messedamm zum Zuge – man wird sehen. Erfreulich ist an alledem, daß der alte Messeeingang nicht verbaut und der schöne Gebäudekomplex des ehemaligen Krankenhauses erhalten ist.

Osten

Alexa

Alexanderstraße, das war im alten Berlin finsterer Osten. Daß unmittelbar am Alexanderplatz der Osten anfing, wurde durch nichts so bekräftigt wie durch die Existenz des Polizeipräsidiums. Es zog sich als ungeschlachte Masse vom Platz an in südöstlicher Richtung zwischen Stadtbahn und Dierksenstraße einerseits, Alexanderstraße andererseits, bis zur Voltairestraße hin. Zuvor hatte dort das Arbeitshaus des 18.Jahrhunderts gestanden. Heute ist das gesamte Terrain von Berlins größtem Einkaufszentrum belegt, Alexa.

Diese Sukzessionskette hat schon etwas für sich. Im Planwerk Innenstadt war versucht worden, das Grundstück zumindest in zwei Blöcke zu teilen und eine großstädtisch robuste Parzellierung anzuregen. Vergebliche Mühe. Eine der großen Berliner Wohnungsbaugesellschaften, die DeGeWo, hatte das Gelände gekauft und scheiterte jahrelang an seiner Entwicklung. Teil des Vorhabens war nicht zuletzt die Errichtung eines der geplanten Alexanderplatz-Hochhäuser von 150 Meter Höhe, es hätte das erste sein können. Als dann der portugiesische Entwickler Sonae als Bewerber auftrat, war kein Halten mehr, Senatorenentscheidung. So bekam die DeGeWo ihr Schäfchen ins Trockene und Berlin sein größtes Einkaufszentrum.

Über das Schweinchenrosa der Großtafelarchitektur ist viel gelästert worden. Das ist kleinlich. Diese riesigen rosa Fertigteilfassaden sind, wenn man in der Stadt etwas sehen möchte statt bloß Funktion und Bedeutsamkeit abzuhaken, viel interessanter als alle benachbarte DDR-Architektur. Sie zeigen sich nicht nur ausdrücklich, sie gehen auch auf den Standort ein. So werden auch die langen Flanken an Alexander- und Dierksenstraße bedient: Man geht an Schaufenstern vorbei, und außen liegende Läden öffnen sich zur Straße. Aber der deutlichste

Hinweis ist, daß es zwei Fassaden gibt – nicht nur die zu erwartende, ja obligatorische nach Norden, zum Alexanderplatz, sondern auch eine nach Süden, wo sie auf den kleinen dort entstandenen Platz zugeht. Daß dieser Platz so nutzlos und steril wirkt, ist weder dem Einkaufszentrum noch seiner Architektur anzulasten. Es hätte genügt, diesen Platz auf die einfachste Art und Weise zu pflastern und an der richtigen Stelle eine, eine einzige Platane zu pflanzen. Aber wie jeder seinen eigenen Geschmack hat, so auch der Bezirk Mitte, und so ist ein Gemurkel entstanden, dem jede räumliche Qualität abgeht.

Im Inneren ist den Fassaden je ein Atrium zugeordnet. Die westliche Passage ist eine souveräne Kopie des Moskauer GUM, die östliche bietet immerhin recht abwechslungsreiche Pflastermusterungen. Überhaupt ist alles um einiges luftiger und einfallsreicher als etwa am Potsdamer Platz. Die Auffälligkeit der seitlichen Ausgänge macht, daß man ein Gefühl dafür behält, daß es auch die andere Welt noch gibt. Weiter ist fast ganz auf Verkauf im Kellergeschoß verzichtet, stattdessen ein ungewohnter Erschließungsaufwand für die Obergeschosse.

Das Problematische an der Anlage ist auch nicht, daß sie vielleicht anderen, weniger attraktiven Zentren das Wasser abgräbt. Vielleicht tut sie das gar nicht einmal. Das Problem liegt woanders. Die im Planwerk vorgesehene differenzierte Aufgliederung des Geländes hatte ja einen genauen Sinn. Jenseits der Alexanderstraße liegen die Großwohnanlagen der DDR mit ihrem Abstandsgrün. Da hat sich, Zonen der vollständigen Stagnation, in den gut zwanzig Jahren seit der Wende nichts geändert. Es kann sich, wenn man alles so läßt, wie es ist, auch gar nichts ändern. Man müßte mit neuen Angeboten in dieses Gelände hinein gehen, um es, ein Gebiet mit extrem niedriger Dichte und fern städtischen Lebens, in Bewegung zu bringen. Genau das wäre von der anderen Straßenseite anzuregen gewesen. Das Alexa ist dazu nicht gemacht. Es ist eine Insel.

Es liegt da wie der Drachen Fafner und schluckt unaufhörlich Menschenmassen – natürlich nicht ohne sie, mit Tüten beladen und etwas ärmer geworden, ebenso massenhaft auch auszuspucken.

Der alte Osten

Daß der Berliner Osten einst unmittelbar am Alexanderplatz begann, war vor 1945 jedem Berliner klar. Wer im Westen wohnte, hätte sich nicht einmal bis an diese Grenzlinie herangewagt. Von der Linienstraße pflegte mein Vater, in Friedenau aufgewachsen, zu sagen: Wenn man an der einen Seite mit Portemonnaie hineinging, kam man auf der anderen ohne wieder heraus. Heute ist das nicht mehr nachvollziehbar. Der Osten ist weiter ostig, aber das hat heute einen politischen Sinn: Hier hat sich die DDR fast wie ein Freiluftmuseum erhalten. Den sozialen Osten dagegen gibt es nicht mehr. Er ist von der DDR-Planern abgerissen worden, und der Städtebau der großen Verkehrstrassen und Großwohnanlagen hat bewußt alle Spuren der einstigen Straßenverläufe und Örtlichkeiten ausgelöscht.

Die Bezeichnung gewinnt inzwischen allerdings langsam wieder ihren präsozialistischen Stellenwert. Wer heute seine Nächte etwa im Maria am Ostbahnhof verbringt, hat keine Erinnerung mehr an die Zeiten, als Osten für DDR stand und „Geh doch in den Osten" die freundliche Aufforderung an alle war, die am westlichen System etwas auszusetzen hatten. Der Szenezugriff auf den Osten reagiert dagegen auf das, was vom alten industrieproletarischen Berlin hier übrig ist: die harten Brüche zwischen dicht bebauten Arbeiterquartieren und umfangreichen Eisenbahngeländen, die ganze eigene Territorien bilden und mit ihren leer stehenden Gebäuderesten romantische Unterkünfte für die Lust auf Freiheit und Abenteuer bieten.

Schlesischer und Wriezener Bahnhof, das waren einmal Schicksalsorte des von Einwandererströmen aus Polen und

Schlesien geprägten Berliner Ostens. Verloren gegangen ist das Dritte, was die Leute damals in die Stadt zog und ernährte, die Industrie – z. B. der Beleuchtungshersteller Pintsch, die Agrarmaschinenfabrik Eckart, die Glühlampenwerke Auer-Osram, und nicht zuletzt die Brauereien an der Landsberger Straße und die Gaswerke am Spreeufer. Heute ist dieser Osten dreifach benachteiligt: durch die historische Stigmatisierung als Arbeiterviertel, das zu urbanisieren und mit einer entsprechenden Infrastruktur auszustatten, nur zum Teil gelang; zweitens durch Kriegszerstörung und Wiederaufbau als moderne Großsiedlung mit der Folge einer fast vollständigen Entmischung, Entdichtung, Entöffentlichung und Verödung; drittens durch die Unfähigkeit oder das fehlende Interesse der Nachwendeplanung, diese Monostruktur aufzubrechen und, wo bisher weder planerische Sorgfalt noch Investorenbegierde hinsahen, Investitionen abseits der öffentlichen Wohnungswirtschaft möglich zu machen. Die DDR ging weiter, und Westberlin mischte sich nicht ein.

Simon-Dach-Straße

Friedrichshain beginnt mit der Richard-Sorge-Straße, dem Bersarin- und dem Comeniusplatz, wenn man die Karl-Marx-Allee entlang kommt, auch erst an der Proskauer Straße, davor ist Karl-Marx-Stadt, ob Singerstraße oder Café Moskau. Friedrichshain ist da, wo die Großtafelsiedlungen aufhören und die erhaltenen Teile des alten Arbeiterbezirks beginnen. Wenn jetzt studentische Kneipenszenen Friedrichshain aufmischen, dann ist das eine ambivalente Entwicklung: Es betrifft die dichten Altbauviertel der Hobrechtschen Planung*, während das Großtafelviertel zwischen Alexanderplatz und Straße der Pariser Commune übersprungen wird, als wäre dort Wüste.

Aber Friedrichshain war nie eine Idylle. Von der Melancholie des Stadtteils vor der Wende kann man sich heute keine Vorstellung mehr machen. Ganz langsam ist das nach der Wende anders geworden, so langsam, daß es spannend blieb, wohin die Entwicklung wohl gehen würde. Und dann ging es auf einmal ganz schnell. Nicht nur, weil die Studenten hinzogen, die in den Wedding nicht wollten und in Prenzlauer Berg nicht mehr unterkamen, sondern auch weil es der Szene vom Boxhagener Platz gut und besser ging, weil der Bezirk, vor der Vereinigung mit Kreuzberg, sich sensationell gut um seine öffentlichen Plätze gekümmert hatte, die heute – Traveplatz, Boxhagener, Forckenbeckplatz – zu den schönsten der Stadt zählen, weil Hauskäufer und Investoren inzwischen bis in die hintersten Winkel vorgedrungen sind.

Aber was heißt es tatsächlich, daß Friedrichshain „in" oder „hip" ist? Oder, anders gefragt: Wie stellen sich diese modischen Bildschirme her, die plötzlich Teile eines Viertel oder ganze Stadtviertel überziehen, ohne daß sich so schnell wirklich etwas ändern konnte? Die Realmaterie dieser Veränderungen ist ja der Klatsch – plötzlich muß, wer auf dem Laufenden sein will, hier gewesen sein, und je mehr westdeutsche Provinz studierend in die Stadt einströmt, desto weniger hat sie Grund, solchen Ansagen zu mißtrauen. Dann stellen sich die entsprechenden Kneipen ein, je erfolgreicher, desto vermehrter, es kommen die typischen Szenegeschäfte, es breitet sich eine Folie des Wohlseins aus, von der nicht jeder ahnt oder sieht, wie dünn oder sogar irreführend sie ist. Denn auch hier, vielleicht mehr noch als in Prenzlauer Berg, differieren Schein und Sein, sieht Vieles nach Geld und Erfolg aus, was nur unter Verzichten zu halten ist, oder von einem Fremdgehalt subventioniert wird, oder gar auf Hartz-IV-Basis ruht, Hauptsache, man hat eine Adresse, ein Projekt, ein Stückchen beruflicher Identität und lokaler Sichtbarkeit an der Hand.

Natürlich wird daraufhin die Lage irgendwann auch für etablierte Kreise reizvoll, die Preise steigen, Verdrängungen setzen ein, und die Karawane zieht Richtung Osten weiter. Denn

Friedrichshain ist nicht Neukölln-Nord oder Tiergarten Süd: keine Türken, keine Araber, auch nicht – Vietnamesen – Lichtenberg oder Hohenschönhausen –, es ist, wie Prenzlauer Berg oder Pankow, deutschdeutsches Terrain: Da ist das Verdrängen erfahrungsgemäß ziemlich einfach.

Die Simon-Dach-Straße war noch lange nach der Wende nur eine von vielen Straßen rund um den Boxhagener Platz. Genauer gesagt, geht es um den Straßenzug zwischen Frankfurter Allee und Wühlischstraße, die Niederbarnimer gehört voll und ganz dazu. Was ist passiert? Natürlich hat der Straßenzug, besonders im Sommer, einen erheblichen Reiz, und die trichterförmige Mündung der Simon-Dach-Straße in die Boxhagener gibt fast einen kleinen Marktplatz her. Bestimmender war aber wohl, daß sie die erste schützende Straße nach der ungemütlichen Achse Warschauer Straße ist, die erste einer langen Reihe von Nordsüd-Straßen, welche, zusammen mit den Diagonalen von Boxhagener und Simplonstraße, den Grundriß des südöstlichen Friedrichshain abgeben. Hier ist also die Frontlinie nach Westen, der Salon und das Schaufenster des Viertels entstanden. Und nicht am Boxi, der allen umgebenden Straßen die Schau stiehlt und sie zur Unübersichtlichkeit verdammt.

Wenn man über die Differenz von Schein und Sein etwas hinwegsieht, dann ist der Erfolg überwältigend. Für alte Westberliner wird ein einziger Satz genügen, um die Klasse zu beschreiben: Dies ist eine zweite Goltzstraße*. Jedenfalls wird die Straße so gelebt, ja die Folge der Lokale, fast Haus um Haus, ist sogar noch dichter als dort, und am Abend scheint die Straße eine einzige Kneipe. Fluch oder Segen? Vermutlich beides, auf jeden Fall für den Betrachter, der die alte Straße noch kennt (das Viertel war für mich nach der Wende, von der Schlesischen Straße her, solange ich dort nicht aus meiner Fabriketage herausgekündigt war, ein häufiger Nachmittagsausflug, mit oder ohne Kinder), ein Schock. Da ist eine Welle jugendlichen

Vergnügens drüber gegangen und spült immer neue Wellen herein, und man versteht, warum die Studis, die als Radler den Weg von der Humboldt-Uni hierher zurücklegen, es auf der Karl-Marx- und Frankfurter Allee so eilig haben.

Ostbahnhof und Stralauer Platz

Vom Bahnhof lebte einmal ein ganzes Stadtviertel. Von Stadt wie Viertel kann heute keine Rede mehr sein. Man kann nur einzelne Brocken beschreiben – den Bahnhof, die Mühlenstraße mit O2-Halle und den im Schatten der East Side Gallery existierenden Kneipen, Clubs und Attraktionen am Wasser, der Stralauer Platz, das Radialsystem, das Großtafelviertel nördlich der Stadtbahn. Die Stadt ist hier nach wie vor ausgesprochen leer, das Gebiet scheint nur nachts zu leben, überwiegend eine Freizeitbühne für jene Sehnsüchte nach Trümmerflächen und Mauermythen, welche die jungen Berlin-Besucher aus den fertigen und saturierten Gegenden Deutschlands und Europas mitbringen. So ambivalent wie der Studentenboom am Boxhagener Platz, so ambivalent war und ist hier das Engagement der Freizeitszene: Die Clubs und Veranstaltungsräume, auch das kulturell so ehrgeizige Radialsystem, bilden monofunktionale Nischen, denen kein breites Interesse innerstädtischer Landgewinnung auf dem Fuße folgt. Stattdessen werden andere monofunktionale Nutzungen angelockt: Diejenigen Großinvestoren, die sonst an der Autobahn bauen, siedelten sich auf dem Wriezener Bahnhof an, und hier, weiter südlich, am Ostbahnhof, sind es die, die frühzeitig unter dem Titel Media Spree die Ufergrundstücke unter sich aufgeteilt hatten. So entstehen Einkaufsmärkte oder Paläste der Kulturwirtschaft, aber keine neuen Stadtquartiere. Und dann ist hier auch schon wieder alles historisch: die wettbewerbsgestützten Reurbanisierungsillusionen der frühen neunziger Jahre, die kurze Blüte des großen alten Bahnhofs Mitte der Neunziger, als hier die Züge nach

München, Dresden, Prag, Wien, Budapest abfuhren, die Blütezeit der Szene am Ostbahnhof um 2000, die Entwicklungsversprechen der O2-Halle. Geblieben ist die etwas anrüchige Zukunftsmeldung Media City.

Nach wie vor paßt nichts zusammen. Der Bahnhof liegt als einsame Festung im Gelände, mit seinen beiden gewaltigen Hallen das Monument schlechthin der Berliner Bahnhofsgeschichte, nach Süden die Halle des einstigen Schlesischen Bahnhofs, anfangs noch ein Kopfbahnhof, dahinter die weiter greifende des untergegangenen Wriezener Bahnhofs, des Kopfbahnhofs der Ostbahn am Küstriner, heute Mehringplatz. Der südliche Vorplatz des Bahnhofs, diese merkwürdige Plattform des Nirgendwo, die nur für Busse, Taxis und Parkplätze gemacht ist, stellt das dar, was vom Honnecker-Projekt Hauptbahnhof übrig geblieben ist.

Und der Stralauer Platz? Gehe man ihn suchen. Von der Andreaskirche keine Spur mehr. Wo sie stand, Mitte des Stralauer Platzes und Wahrzeichen des Viertels, ist nur eine abgemagerte Mittelinsel übriggeblieben, beidseits Durchgangsverkehr auf je drei Fahrbahnen. Die westberliner Stadtplanung hat sich nicht dazu aufraffen können, diesen Platz wieder herzustellen. Der abwesende Platz konstituiert so ganz wesentlich die Ortlosigkeit des Gebiets, er bleibt auch im Bösen ihr Zentrum.

Zwischen Straße und Spree steht ein dunkler Gebäudeblock: rechts ein seit langem leerstehender Verwaltungsbau der dreißiger Jahre, in der Mitte das kaum hoffnungsvoller wirkende Gemeindehaus der Andreasgemeinde, rechts der Backsteinkomplex der ehemaligen GASAG-Hauptverwaltung, heute show-gerecht ausgebautes Solarzentrum. Es lohnt sich, ins oberste Stockwerk hinauf zu fahren – dort sitzt eine potente Anwalts-Sozietät – und über die in schwindelnder Höhe das haushohe Atrium durchmessende Brücke von einem Flügel zum anderen zu gehen, vor sich, nach Süden, das riesige Fenster, welches das Atrium auf die Spree und die Trümmer, Speicher, Baracken und den Verdi-Neubau auf dem gegenüberliegenden Ufer öffnet. Links und rechts dieses Komplexes liegen die Grundstücke nach wie vor brach, die Pläne der Hochhäuser, die 1990 hier angemeldet wurden, schlummern im Bauarchiv, die neuen Pläne sind in der Wirklichkeit noch nicht angekommen. Die Menschenmengen, die die East Side Galery entlangtrödeln, kommen hier gar nicht erst an.

Die westlich anschließende Straßenkreuzung ist eine reines Verkehrsereignis. Mehr erwartete einen bei Überquerung der Spree auch nicht, Mauergelände auf beiden Ufern. Direkt an der Schillingbrücke steht ein relativ neues Hotel, ein einsamer Eckpfeiler. Daneben liegt das ehemalige Pumpwerk V, zum „Radialsystem“ umgebaut, der von Glas und Stahl blitzenden Enklave der freien, eigenfinanzierten Kulturszene. Sie kommt ohne weitere Berührung mit dem Umfeld aus. Es ist gerade diese Beziehungslosigkeit, das Verlorene, die Existenz unwahrscheinlicher Innenräume und Gebäudereste inmitten der herrschenden Ortlosigkeit, was die Szene anzieht. Mauerersatz für Partygänger und die jugendlichen Liebhaber des Wilden, Unfertigen, Anderen.

Nördlich des Bahnhofs hat die Szene nichts zu suchen. Da herrscht sozialistischer Alltag. Unmittelbar der Bahnhofshalle gegenüber sind ein paar Altbauten übrig geblieben, ein Rest des alten, von Taxis, Straßenbahnen, Menschenmassen, Rotlichtmilieu und undurchsichtigen Geschäften erfüllten Bahnhofsviertels zwischen Koppen- und ehemaliger Fruchtstraße, aus DDR-Zeiten noch Straße der Pariser Commune genannt. Linkerhand der Vorplatz des Kaufhofs: eine Marktzeile wie aus dem Berlin der ersten Nachkriegszeit, die das an Infrastruktur ersetzt, was die nicht mehr vorhandene Stadt einmal leistete. Im Hinterland herrscht die allgemeine Windstille des Großtafelviertels, das an die Stelle des Arbeiterviertels trat. Wir sind in Osteuropa.

Die O2-Welt

Östlich der Straße der Pariser Commune beginnt es: die sich selbst planende Stadt von heute. Wir befinden uns auf den Brachflächen der einstigen Güterbahnhöfe von Wriezener und Schlesischem Bahnhof. Bisher ein schwarzes Loch in der Stadt, allerdings von Bahnen aller Art durchfahren. Seit anderthalb Jahrhunderten sorgt dieses Gelände dafür, daß zwischen Ostbahnhof und Warschauer Straße Friedrichshain von der Spree abgeschnitten ist. Im Norden läuft das Stadtgebiet in Sackgassen aus bzw. auf dem Bahngelände auf, im Süden, zwischen Bahntrasse und Spree, war zur Ausbildung städtischer Strukturen nie genug Platz. Der Rückzug der Bahn eröffnete die Chance, die historisch unterlassene Urbanisierung nachzuholen und Nord und Süd, Ost und West in diesem vernachlässigten Gebiet endlich miteinander zu verbinden. Nichts dergleichen geschah. Die privatwirtschaftlich denkenden Großinvestoren kümmern sich nicht um Stadtzusammenhang. Sie brauchen große Flächen, Parkplätze und potente Verkehrsanschlüsse. Das ist das genaue Gegenteil. Die Blockadewirkung des Bahngeländes wird auf neuer Ebene reproduziert.

Das Paradebeispiel dieses angelsächsischen Vorgehens ist die O2-Halle des kanadischen Investors Anschutz Entertainment. Wo sich noch nach der Wende Schuppen, Gleise und Reste großstädtischer Wohnhausbebauung mischten, lagert jetzt auf glatt gezogener Baufläche, bevor weitere Investitionen folgen, ein riesiger, hell gestrichener Kasten, 160 mal 130 Meter. Man beschreibt das Gebäude am besten wohl über die Illusion, es sei eine amerikanische Convention Hall auf wunderbare Weise auf dem Luftwege über den Atlantik entführt und hier, im schäbigsten Eisenbahnosten, abgesetzt worden. Eine Maschine der Superlative: Fassungsvermögen 17.000 Personen, Umbaufähigkeit in Minuten, überfüllt mit Elektronik, dazu 420 Toiletten, acht Aufzüge, davor 1.200 Parkplätze, innen wie außen null Architektur.

Mag sein, daß Berlin solch ein Monstrum braucht. Warum auch nicht, Sport und Massenunterhaltung sind die Kriege und Staatsaktionen von heute. Aber nützt das dem Berliner Osten? Selbstverständlich denkt, wirkt und sorgt die Großinvestition nur für sich selber. Da, wo die O2-World jetzt liegt, ist sie stadtstrukturell die typische Insel-Investition. Sie versichert sich der öffentlichen Verkehrsknotenpunkte – links Ostbahnhof, rechts Warschauer Brücke –, trägt zur Vernetzung der Stadt aber nicht das geringste bei. Im Gegenteil: man soll hinkommen, aber ja nicht weiter fahren. Weder gibt es eine Verbindung nach Norden, zum Gebiet nördlich der Bahntrasse, noch gibt es eine Brücke hinüber nach Kreuzberg, noch war der Bau der Halle für Bezirk oder Investor Anlaß, die längst fällige Verbindung vom Ostbahnhof unter Warschauer Brücke und Ostkreuz hindurch nach Rummelsburg zu schaffen. Der Bezirk begnügte sich damit, die Ampeln für den Großinvestor auf Grün zu schalten. Es wurde umstandslos alles abgerissen, was an Häusern noch im Wege stand, und ein Zufahrtsystem geschaffen, das einzig der Erschließung der Arena dient. Dafür erhielten die neuen Zufahrtsstraßen, politisch korrekt, Frauennamen.

Nicht besser steht es im Norden der Bahntrasse. Noch lange nach der Wende konnte man die alten Gleisanlagen und die abgestellten Züge von der Warschauer Brücke aus betrachten. Oder man konnte von der Straße der Pariser Commune aus versuchen, in das Gelände einzudringen. Das kleine Arbeiterviertel, das sich hier einschob – heute heißt die Straße Wriezener Carré – war schon in den sechziger Jahren abgerissen worden, kurz vor der Wende wurden an der Straße wieder einige Plattenbauten errichtet, die vor dem Bahngelände eine Wand bildeten.

Dabei war es auch nach der Wende über ein Jahrzehnt geblieben. Inzwischen drängen aber allenthalben die Fachgroßmärkte, die nach 1990 noch im Umland bauten, direkt an den Rand der Innenstadt. So auch hier. Und was setzte die öffentliche Planung dem entgegen? Statt die Fläche des Wriezener Güterbahnhofs zu urbanisieren von Ost nach West, von Nord nach Süd Verbindungen zu schaffen, ließ man sie schlicht mit Großmärkten und ihren Parkplätzen und Zufahrtregelungen zuwachsen. Auch hier wurde die Jahrhundertchance achtlos vertan. Es hat einfach niemanden interessiert.

Ob nördlich das Gebiet zwischen Ostbahn und Comeniusplatz, oder südlich das zwischen Bahn und Spree, die hoheitliche Planung alten Stils hat hier, wo kein vorhandenes Gerüst historischer Stadt sie unterstützt, den Löffel abgegeben. Der Bezirk verwaltet Flächen und schlägt sie an den Meistbietenden los, nur damit etwas passiert, und was passiert, entscheiden die Investoren. Die Bezirksplanung liefert gerade noch die Erschließung. Dummheit? Resignation? Gleichgültigkeit? Es ist eben nur der Osten.

S-Bahnhof Landsberger Allee

Ein heroischer Ort: Endpunkt des am Platz der Vereinten Nationen beginnenden Anstiegs der Landsberger Allee zur Barnimhöhe. Das ist so ähnlich, wie wenn man in Moskau auf dem Kutusowskij Prospekt die Höhe erreicht. Als die Landsberger Allee noch Leninallee hieß, war hier aber alles leer. Nur die vielen sich kreuzenden Verkehre markierten die Dramatik des Ortes: Kreuzungspunkt der Allee erst mit dem S-Bahn-Ring, dann mit der Storkower Straße, Berührungspunkt der Großbezirke Pankow, Friedrichshain-Kreuzberg und Lichtenberg-Hohenschönhausen, Tor zu den Großtafelvierteln von Lichtenberg, Friedrichsfelde, Hohenschönhausen, Marzahn und Hellersdorf. Nach der Wende wurde der Knotenpunkt von etlichen Investoren als strategischer Ort identifiziert und beplant. Hier, wo ein Mitterand'sches Großzeichen fällig war, wollte man immerhin ein privatwirtschaftliches Tor errichten, je links und recht ein Geschäfts- und Einkaufszentrum. Das ist, im Umriß, auch geglückt. Das Zugige der Lage, die Leere, sie sind allerdings geblieben.

Wie auch nicht, bei dieser Umgebung! Das beginnt schon mit dem Vorfeld, wenn man von der Kreuzung Danziger Straße her kommt. Wer entlang der Schönhauser Allee die Ringbahn überquert, merkt davon so gut wie nichts, die Stadt geht ungerührt weiter. Ganz anders hier: Die Ringbahn hat sich als alles bestimmender Graben ins Gebiet eingeschrieben. Davor liegt eine Art Glacis: nach Südosten die vorerst nur sporadisch neu genutzten Flächen des ehemaligen Städtischen Schlacht- und Viehhofes, nach Nordwesten schüttere Flächen für Sport und Supermarkt: Bis hierhin, im ärgsten Nordosten, hat sich die städtische Bebauung bis 1914 nicht bequemen wollen, und was danach gebaut wurde, hat sich schon nicht mehr getraut als die Errichtung einzelner Gebäude. So, linkerhand, die Werner-Seelenbinder-Halle. Sie wurde nach der Wende abgerissen, und die an ihrer Stelle gebaute Radsportarena ist nicht zu sehen – der Pariser Stararchitekt Dominique Perrault*, der wie Foucault alles genau umgekehrt sieht wie der Normalverstand, hat seinen Ehrgeiz darein gesetzt, sie, ein Kraftakt der Tragwerkskonstruktion, unter die Erde zu legen, auf Ringbahnniveau.

Die Torbauten selber könnten, trotz ursprünglich gleicher Zweckbestimmung, verschiedener nicht sein. Links, auf dem Gebiet des Bezirks Pankow, Ortsteil Prenzlauer Berg, das übersichtlich in Funktionseinheiten – Hotel, Bürohaus, Einkaufszentrum – gegliederte Forum Landsberger Allee, trotz seiner Höhenunterschiede und gläsernen Rundungen von zwar blinkender, aber durchaus nichtssagender Modernität. Rechts, auf Lichtenberger Territorium, das riesige viertürmige Kastell der einst geplanten Landsberger Arkaden, in den neunziger Jahren hochgezogen, aber als Rohbau stehen gelassen, von Aldo Rossi kurz vor seinem Tod als Memorial für die untergegangene DDR und ihren Chefarchitekten Henselmann* entworfen – erst seit kurzem, nach zehnjähriger Pause, ist der Umbau zu einem Hotel in Gang gekommen, ein Exorzismus, der sowohl die unwillige Monumentalität des Rohbaus wie den von Rossi geplanten Farb- und Säulen-Pop auf Normalniveau bringen dürfte.

Jenseits der beiden Torbauten gähnt wieder ein großes Loch, die Hochhäuser, die anfangs der neunziger Jahre die Kreuzung fassen sollten, wurden nie gebaut. Nach allen Seiten herrscht das Chaos der Periferie, aufgefädelt an den sich kreuzenden Verkehrsachsen. Geradeaus geht es in die Unendlichkeit der Großtafel, ein Sog aus dahinbrausenden Automassen, der erst am Autobahnring weit außerhalb der Stadt zur Ruhe kommt.

Es gibt vermutlich keinen zweiten Ort in Berlin, wo Urbanität und Stadtzerfall, DDR-Tristesse und Nachwende-Konsumismus, Vergangenheit und noch ausstehende Zukunft so eng ineinander verkrallt sind.

Siegfriedstraße

Lichtenberg liegt am äußersten östlichen Rand der Innenstadt. Am Rande wiederum des innerstädtischen Lichtenberg liegt die Siegfriedstraße – sehr am Rande. Das Straßensystem der Stadt des 19.Jahrhunderts ist da, aber die Terrainspekulation machte 1914, von der Frankfurter Alle kommend, schon in Höhe der Gotlindestraße halt – alles, was weiter nördlich liegt, bis hin zur Landsberger Allee, blieb liegen, so auch der größte Teil der Siegfriedstraße. So wanderten über die Jahrzehnte Zufallsnutzungen ein, ein wildes Durcheinander von inzwischen längst wieder stillgelegten Industriebetrieben, von Laubenkolonien.

Mitten in dieser Wartehalle der Verstädterung stößt man aber dann wieder und wieder auch auf einiges groß Angelegtes, so, als Zeuge seiner großen Zeit vor hundert Jahren, das Hauptquartier des Konsum. An anderer Stelle residiert, mitten in einer Wüstenei von Baracken und Brachflächen und alten Industriegrundstücken, ein türkisches Ausbildungsinstitut mit Akademieehrgeiz. Eine Straße weiter südlich steht eine langgestreckte siebengeschossige Büroscheibe direkt neben einer ebenso langen Baracke und zwei wie aus der Welt gefallenen kleinen alten Wohnhäusern – ein Flop der ehemaligen Bayrischen Hypobank. Zweihundert Meter weiter trifft man auf einen heruntergekommenen Großtafelbau der DDR, der als Asylbewerberheim dient. Gegenüber befindet sich ein Squash- und Fitness-Center, es ist hier übrigens, in eine fensterlose Lagerhalle eingebaut, nicht das einzige. Weiter oben, an der Herzbergstraße, liegt Klein-Hanoi, drei Hallen, in den rund 200 vietnamesische Händler alles anbieten, was die Asia-Geschäfte der Stadt brauchen.

So viel zum Gebiet im allgemeinen. Irgendeine Ordnung, ein Plan ist nicht absehbar, alles scheint in diesem Gelände möglich, und nichts paßt zueinander. Keine Gegend, eher ein Stauraum der Zufälle, der rührenden Nischen und der zum Scheitern bestimmten großen Anläufe.

Aber dann gibt es noch eine weitere Schicht, welche die Jahre nach der Wende aufgetragen hat, die „Automeile". Das ist die merkwürdige Glitzerschicht, welche die Siegfriedstraße zu einer Art Symbol dafür macht, wie die deutsche Einheit funktioniert. Es ist offenbar die Einheit der Autofahrer. Wirtschaftlich hinkt der Osten auf lange Zeit, vielleicht für immer, dem Westen hinterher. Nicht so in der Automobilisierung – da hat der Osten ziemlich schnell gleichgezogen, da gibt es keine Armut und keinen Verzicht, auch kein Sichbescheiden mit kleineren Größen oder billigeren Marken. Und das sieht man hier: ein Autowunder mitten in der urbanen Wüste. Die Siegfriedstraße ist, mit den angrenzenden Teilen der Querstraßen, die Entsprechung Ost zum Charlottenburger Salzufer und der Franklinstraße.

Auf den ersten Blick glaubt man es nicht. Aber wenn sich in dieser Gegend, vom Straßenbahnbetriebshof der BVG abgesehen, etwas bewegt, dann ist es der Autohandel. Kathedralen wie die am Salzufer gibt es hier zwar nicht, auch keine geschlossene

Folge von Niederlassungen der einzelnen Marken, vielmehr liegen sie wild zerstreut hier und da, wo gerade Platz war. Aber alle sind da, und es sieht keineswegs so aus, als sei hier weniger los als im Westen, im Gegenteil, die Gesamtmasse der hier angebotenen und verkauften Autos könnte, bei aller Streuung über das Gelände, noch um einiges größer sein. Da sage noch jemand, die deutsche Einheit lasse zu wünschen übrig.

Victoriastadt

Berlin ist asymmetrisch gebaut. Jahrhundertlang wuchs es dem Westen entgegen, aber damit ist seit langem Schluß, denn da liegen Grunewald und Havel im Wege. Wachstum nach west war also nur nordwestlich und südwestlich möglich, nordwestlich bis Spandau, aber Spandau ist nicht Berlin und will es nie werden. Anders im Osten, da konnte Berlin ungehindert weiter wachsen, und das hat es in der DDR-Zeit auch getan, Bebauung der Rieselfelder bis an die Stadtgrenze mit Großtafel-Vierteln – Hohenschönhausen, Marzahn, Hellersdorf, Friedrichsfelde. Südöstlich wuchs Berlin schon ab Ende des 19. Jahrhunderts Spree-abwärts und stieß auf Köpenick, auch dies eine eigene Stadt, älter als Berlin und nie Berlin geworden. Berlin aber ist die Nalepastraße mit den wunderbaren Rundfunkgebäuden von Franz Ehrlich*, Berlin ist das südöstlich anschließende Oberschöneweide, das nach der Wende als Industriestandort einen steilen Absturz erlebte und sich allmählich, als Hochschulstandort und Nachbar von Adlershof, langsam wieder erholt; ein eigenes Thema.

Auch sonst ist, was sich im offenen Osten seit der Wende ereignet hat, zu viel, um hier besucht zu werden: Alt-Stralau, das Neubauviertel am Rummelsburger See, die neuen oder rasant verdichteten Einfamilienhausquartiere in Biesdorf, Kaulsdorf, Mahlsdorf. Ich begnüge mich mit einem kurzen Blick auf die Victoriastadt.

Damit sind wir in Rummelsburg, Bezirk Lichtenberg. Die Victoriastadt ist eine kleine Stadt für sich, auch wenn das Gebiet erst ab 1872 erschlossen und nach und nach bebaut wurde. Auf dem Stadtplan glaubt man, eine kleine mittelalterliche Stadt vor sich zu haben: ovaler Grundriß, rings umgeben von einer Stadtmauer aus S- und Fernbahngleisen, mithin vier Stadttoren, zwei davon im Zuge der das Oval halbierenden Pfarrstraße. Die westliche Hälfte ist teils vom gewaltigen Baukörper der ehemaligen Knorr-Bremse und den aus seiner Umwandlung zum Dienstleistungszentrum gefolgerten Neubauten besetzt, teils von Schulgebäuden. An der Südostseite schiebt sich der Verkehr aus der Innenstadt in Richtung Oberschöneweide und Köpenick vorbei, ohne das eigentliche Viertel, den Türrschmidt- und Kaskel-Kiez, zu beeinflussen. Eine Welt für sich.

Zur Wendezeit sah es hier, der höchst abwechslungsreichen Bausubstanz zum Trotz, finster aus, geringe Bewohnerzahl, viel Leerstand, so gut wie keine Geschäfte, abgetakelte Fassaden, Geruch der Ofenheizungen, Stille und Leere, in der Pfarrstraße tobten sich Neonazis aus. Zwanzig Jahre Sanierung haben Erhebliches gebracht. Nicht nur die Häuser wurden erneuert und modernisiert, es gab auch einen kräftigen Bevölkerungszuzug, heute ist die Hälfte der Bevölkerung erst in den letzten acht Jahren hergekommen, der Altersdurchschnitt liegt bei 30 Jahren.

Es ist aber doch beim Kleine-Leute-Viertel geblieben, trotz einigen Zuzugs von Westdeutschen und einigen Künstlern. Das Viertel ist schön geworden, hat kulturelle Einrichtungen erhalten, ist aber von allen Übertreibungen, sowohl denen der Prenzlauerberger wie Friedrichshainer Spielart, verschont geblieben. Es gibt weiter Ladenleerstand, die Mieten sind vergleichsweise niedrig, abseits der Kreuzung Pfarrstraße / Kaskelstraße herrscht in den Straßen die alte Stille.

swissôtel
INFORMATION

Die Unbeweglichen

Die neue Mauer

Dieses Kapitel spielt in Ost wie West und handelt davon, wie man sich verhält, wenn man sich so gut mit der Mauer arrangiert hat, daß man sie gar nicht mehr weg haben wollte. Als am 9. November gegen elf Uhr abends die Grenze unerwarteterweise tatsächlich aufging, ohne daß vorher die Anwohner befragt worden wären, ob sie das denn auch wollten, war auch nicht gleich klar, daß es nun mit der gewohnten Ruhe vorbei war. Es dauerte ja auch Tage, bis die DDR-Grenzer wußten, daß es nichts mehr zu schützen gab. Zögernd wurden die ersten Brachen geschlagen, um mehr Menschen durchzulassen, und dann begannen schließlich West- und Ostberliner, aber mehr noch Menschen aus aller Welt, an der Zerstörung der Mauer zu arbeiten. Dann griffen die DDR-Grenztruppen mit schwerem Gerät zu, und schließlich war das Bauwerk verschwunden.

Da erst zeigte sich, daß die Bewohner beider Seiten, plötzlich unmittelbar miteinander konfrontiert, einander nichts zu sagen hatten. Die Leute auf der anderen Seite kannte man nicht, sie waren anders – auf beiden Seiten hatten in den vielen Jahren Mauerdasein die Bewohner bis zur Unkenntlichkeit gewechselt. So standen sich jetzt oft genug türkische Westberliner und deutsche, der Begegnung mit Menschen anderer Herkunft und Hautfarbe völlig entwöhnte Ostdeutsche gegenüber.

Auch die aneinander angrenzenden Bezirke hatten sich wenig zu sagen. Dabei hatten die Ostbezirke zunächst die Schutzzone des ehemaligen Todesstreifens. Die angrenzenden Westbereiche hatten dagegen das Gefühl, so hautnah am offenen Grenzraum, zu frieren. Und so wurde von Westen her, wo dies den Verkehr nicht unbedingt störte, eine neue Mauer aus Mitteln der Wohnumfeldverbesserung gebaut: Hecken, Barrieren aller Art, Straßensperrungen. Wer die Friedrichsstraße oder die Heinrich-Heine-Straße entlang fährt, stellt sich das nicht vor, es geht glatt durch. Aber man versuche einmal, auf der Dresdener Straße geradeaus von Mitte nach Kreuzberg zu gelangen – unmöglich, dem steht ein mit Fleiß ganz schnell nach der Wende errichteter doppelter Wall aus Pflanzenkübeln entgegen. Oder man versuche, aus der Ackerstraße Ost (alt Mitte) in die Ackerstraße West (Wedding) zu gelangen.

Fast überall, wo die Mauer war und nicht die Immobilienwirtschaft eingeschritten ist, wird man Zeichen der Abgrenzung entdecken, mangelnden Verkehr hinüber und herüber, fehlende Brücken, versäumte Öffnungschancen … Es gibt auch wenig Hoffnung auf Änderung. Bei den ehemaligen Westbezirken mischen sich da die unterschiedlichsten Interessen: die gewohnte wiewohl verhängnisvolle Praxis der Abschottung von Sanierungsgebieten gegen Verkehr – man hütet seine Schäfchen –, altsozialistische Antiurbanitätsvorstellungen in den Ämtern – Rettet den Sozialismus –, Anwohnerängste und Verkehrsberuhigungsforderungen, die Sprüche vom aus Brüchen bestehenden Berlin, das man nicht polieren dürfe, selbsternannte Baum-, Klima- und Kinderschützer, Haß auf die nebenan bauenden Baugruppen usw., es ist ein undurchdringliches Dickicht, auf dem die neuen Mauern entstanden, Mauern, die leider kein Bagger oder sonstiges schweres Gerät abbrechen kann.

Besonders schlimm traf es die Bernauer Straße. Hier sind unter dem Vorwand der Gedenklandschaft und des nationalen Mahnmals lauter alte Wünsche befriedigt worden, am wenigsten noch die der Ostalteinwohner nach Freihaltung, vor allem der alte Wunsch der Verkehrsplaner nach Verbreiterung der Bernauer Straße als Teil jenes Innenstadtringes der neunziger Jahre, der die Vorbedingung dafür war, damals im historischen Zentrum etwas Rücksicht walten zu lassen. Was in der ganzen heuchlerischen Gedenkrhetorik – es geht ja ganz eindeutig um Marketing für den internationalen Tourismus, nicht um Mauergedenken – nicht vorkommt, ist die soziale Gemeinheit der

Sache: daß die Bernauer Straße zwei sozial völlig gegensätzliche Viertel trennt, soziales Notstandsgebiet im Norden, Baugruppenwohlstand im Süden. Der Gedenkrummel baut eine weitere Trennschicht ein, statt daß alle Kraft in die Verbindung der beiden einander kommunikationslos gegenüber liegenden Stadtbereiche eingesetzt würde.

Vor dem Roten Rathaus

Das Berliner Rathaus lag einmal mitten in Alt-Berlin. Es war auf der Grenze zweier Stadtgründungen erbaut worden, der Nikolai- und der Neu- oder Marienstadt, vermutlich, weil der Landesherr, oder die Berliner, von vornherein beide Städte zusammenhalten und die Errichtung je eines eigenen Rathauses, das eine auf dem Molkenmarkt, das andere auf den Neuen Markt, verhindert wollten. Im 19. Jahrhundert riß man das alte Rathaus und einen ganzen Häuserblock ab, um für die Reichshauptstadt und ihre wachsende Verwaltung ein würdiges Gebäude zu errichten, das heutige Rote Rathaus.

Auch so lag es noch mitten im Stadtgeflecht, deshalb der hohe Turm. Heute liegt es, wie man früher gesagt hätte, auf dem Präsentierteller: an drei Seiten nichts als Fläche, nach der vierten Großtafelarchitektur, die hoch, aber nicht weiter sichtbar ist. Es handelt sich um eine äußerst mittelmäßige Architektur. Die Freistellung bekommt ihr nicht, legt vielmehr alle ihre Schwächen erbarmungslos bloß. Am schlimmsten ist die Freilegung nach Nordwesten, zur Fernsehturmfläche. Hier ist der alte Kasten als Teilstück einer architektonischen Rahmung des DDR-Hauptstadtbandes benutzt, bzw. dessen, was sichtlich vor der Türe liegt: der Fernsehturmfläche. Das Flächenband wurde schon zu DDR-Zeiten zerstückt, erst durch den Bau des riesigen Querriegels des Palastes der Republik jenseits der Spree, dann durch die Notlösung der Marx-Engels-Anlage, hastig zur 750-Jahr-Feier auf dem Altstadtgelände zwischen Spree und

Spandauer Straße zusammengestückt. Der Rest ist Parterre des Fernsehturms - und Vorplatz des Rathauses.

Als man das Rathaus baute, hatte man die Bauflucht so weit hinter die Fluchtlinie der Königstraße (der heutigen Rathausstraße) zurückgezogen, daß der Würde des Hauses Genüge getan war, es gab eine Art Vorplatz, breit genug, um der Ansprüchlichkeit des Haupteingangs gewahr zu werden, zu schmal, um die Hohlheiten der Fassade voll in den Blick zu bekommen. Keine schlechte Lösung. Die benachbarte Großtafelscheibe geht nun auch noch respektvoll hinter die Baufluchtlinie des Rathauses zurück. Damit ist ihm jede räumliche Abstützung genommen, das Rote Rathaus, so fest es stehen mag, schwimmt im Raum. Die Freistellung nach vorn konfrontiert es mit einer Fläche, die, statt ihm zu dienen, es bloß erschlägt. Das ist kein Marktplatz, es ist ein Fließraum. Als Längsachse vom Fernsehturm zum einstigen DDR-Außenministerium hin konzipiert, dem heute verschwundenen Endpunkt, zieht er am Rathaus vorbei. An der Rathausstraße ist, dem Eingang gegenüber, ab und zu ein Wochenmarkt, wo man Quarkkeulchen essen, Sonnenbrillen und Socken kaufen kann wie in Calau oder Weißwasser. Links und rechts stehen die piefigen Figuren eines Arbeiters und einer Arbeiterin, Werke des an der DDR und seiner Sehnsucht nach Zugehörigkeit gescheiterten Bildhauers Waldemar Grzimek. Drumherum das übliche Sechziger-Jahre-Gestrüpp.

21 Jahre nach der Wende hat sich hier immer noch nichts geändert. Die ersten zehn Jahre war die Angst vor den Ostberlinern zu groß. Im Planwerk entwarf ich einen Marktplatz, der die Größe des Krakauer Marktes hatte, gegen den übrigen Raum abgegrenzt durch eine Markthalle, wie ich sie in Boston kennen gelernt hatte, ein Stück städtischer Gesellschaft. Der zuständige Senator warf das umgehend aus dem Plan heraus, es hätte seine Pläne einer Koalition mit der PDS gestört. Als Rot-Rot tatsächlich kam, war er schon nicht mehr dabei.

Die Regierenden Bürgermeister, die im Roten Rathaus regierten bzw. regieren, fahren bislang dort offenbar ein wie in einen Schacht. Was davor ist, der eklatante Mangel an Raum, städtischem Leben, Kontakt zu irgendetwas, interessierte sie die längste Zeit nicht weiter. In den neunziger Jahren verbat sich der damalige Regierende Bürgermeister den Bau einer Straßenbahn vom Alexanderplatz zum Potsdamer Platz – überall, aber nicht vor seiner Haustür. Und der Nachfolger wehrte sich, wenn ich recht unterrichtet bin, zunächst gegen den U-Bahn-Eingang des geplanten Bahnhofs der Linie 5, aus gleichem Grund.

Seit einiger Zeit ist Wandel in Sicht. Wo einst das Zentrum von Alt-Cölln war, Petrikirche und Rathaus, soll gebaut werden. Die großflächige archäologische Untersuchung hat dann aber so viel mittelalterliches und frühneuzeitliches Berlin aufgedeckt – die Grundrisse von vier Bauperioden der Kirche, die Wände der alten Lateinschule, altes Straßenpflaster, tausende Bestattungen –, daß alle Zeitpläne über den Haufen geworfen werden mußten.

Dann kam der U-Bahn-Bau in Fahrt, und das Untergeschoß des alten Berliner Rathauses tauchte aus dem Boden auf samt seiner spätgotischen Gewölbeansätze. Zuvor schon hatte auch der Bürgermeister sich der Idee geöffnet, daß hier etwas getan werden muß. Inzwischen hat sich der Regierende sogar an die Spitze des Zuges gesetzt. Was in den neunziger Jahren noch eine eher akademische Diskussion war – Berliner Marsfeld und Wiederaufbau des Marienviertels auf dem, was an historischem Stadtgrundriß noch möglich ist, das ist jetzt eine Kontroverse, die Realitätsgehalt gewonnen hat und allmählich Teile der Berliner Bürgerschaft ergreift, so daß man endlich Vernunft annehmen könnte – während die Stadtplanung gleichzeitig wenige Meter weiter, an der Gontardstraße, mit einem weiteren Einkaufszentrum historisches Straßenland überbaut, welches die DDR-Planer bewußt frei gelassen hatten.

Eine ganz einfache Nachricht: die nicht existente City. Das, genau das, ist das Drama dieser Straße. Ohne sie wird das alte Zentrum zwischen Linden, Friedrichswerder und Potsdamer Platz nie etwas Vernünftiges werden, bleiben Spittelmarkt, Friedrichstraße und Leipziger Platz in der Luft hängen, wird die südlich anschließende alte Friedrichstadt, diesseits der ehemaligen Mauer, weiter ein abgehängtes, zwischen Tod und Leben unentschieden vegetierendes Gebiet der Leerstände und der Zufallsnutzungen bleiben.

Die Leipziger Straße war die vornehmste Einkaufsstraße des alten Berlin. Haus an Haus reihten sich die großen Namen hoch spezialisierter Geschäfte und Kaufhäuser für Käufer nicht nur aus Berlin, sondern aus ganz Europa. Der Tauentzien, der heute eine entsprechende Stelle in der Käufergunst einnimmt, ist nur eine Billigvariante. Es ist leicht zu sagen, die Berliner seien arm und brauchten dergleichen nicht. Aber so funktioniert eine Stadt nicht. Wer Einkommensunterschiede aus der Welt bringen will, müßte die DDR wiederholen, was dann doch das größere Übel wäre, zumindest eines, das die Gleichheit auf Dauer auch bei Wiederholung weder finanzieren könnte noch tatsächlich wirkliche Gleichheit brächte, nur Ungleichheit auf einem niedrigen Niveau. Ich würde bei meinen Einkommensverhältnissen in einer wiederkehrenden Leipziger Straße nicht einkaufen können. Aber für das Wohl der Stadt wünsche ich mir eine solche Straße, als Teil einer wirklichen City, einer Einbeziehung Berlins in den Reichtum der Bundesrepublik und Europas. Denn vom bloßen Ruf, arm aber sexy zu sein, kann man nicht ausreichend leben. Berlin muß wohl oder übel ein Zentrum wirtschaftlicher Entscheidungen werden. Ein anderer Motor des Wohlstands ist bisher aber noch nicht erfunden worden.

Mein Großvater väterlicherseits war Generalvertreter der Lyoneser Seiden in Berlin. Im Muthesiusbau von Kersten & Tuteur ging er aus und ein, ein freundschaftlicher, ins Familiäre hinüberspielender Kontakt. Ausgerechnet dieses Haus, nur dieses, blieb auf dem langen Teilstück der Straße erhalten, das noch den DDR-Zuschnitt hat und als Verkehrstrasse wie durch seine begleitenden Bauten und Anlagen die Barriere zwischen nördlichem und südlichen Stadtteil bildet. Dieses Haus steht nach wie vor allein da, letzter Zeuge einer Stadtstruktur, ohne deren wenigstens ansatzmäßige Wiederherstellung hier weder wirkliches Leben entstehen noch der mögliche Gewinn eingefahren werden wird.

Stattdessen hat man in den neunziger Jahren um Lappalien gestritten. Der Rückbau der Leipziger Straße auf 28 Meter Breite wurde als Herstellung von Straßenschluchten beklagt – Pariser Hauptstraßen haben 12 Meter Breite, der Broadway mißt etwas über 21 Meter im Lichten. Im Planwerk ging es um eine Ertüchtigung der heutigen Straße ohne Abriß: Hinzufügung einer neuen Baustruktur auf der Nordseite, Öffnung der Straße nach Süden. Gleichgültigkeit des Westens und ostberliner Nostalgie haben das vereitelt. Der Rückbau bis zur Charlottenburger Straße, die Wiederherstellung der Ecke zur Friedrichstraße, das war schon 1992/93 im Handstreich gelungen, und dabei blieb es. Die Wiederherstellung des Durchbruchs der Axel-Springer-Straße wird lustlos betrieben, für die Leipziger Straße wird er ohnehin nichts bringen. Längst ist Gleichgültigkeit eingekehrt. Alles bleibt, wie es ist, der Verkehr rollt, die wenigen Geschäfte krepeln vor sich hin, öffnen und schließen wieder. Selbst kleinste Hilfestellungen unterbleiben: Es wäre so einfach gewesen, die Jerusalemer Straße wieder durchzubrechen. Es fehlt einfach der Wille. Nichts wird hier wichtig genommen. Was für die Stadt auf dem Spiel steht, ist außerhalb des Blickwinkels der Regierenden.

Südliche Friedrichstadt

Wer sich im heutigen Berlin nach stagnierenden Stadtgebieten umsieht, hat die Qual der Wahl. Das vielzitierte Gebiet Karl-

Marx-Allee / 2. Bauabschnitt tritt ebenso auf der Stelle wie das weitere Stralauer Viertel oder die Kreuzberger Otto-Suhr-Siedlung. Die Gründe liegen jedes Mal in der Baustruktur, reine Wohnbauten, große Volumen, geringe Verdichtung, begrünte Anonymität und völlige Abwesenheit städtischen Lebens. An diese Grundstruktur müßte man herangegangen, und das tut keiner, so lange es den jeweiligen Wohnungsbaugesellschaften noch gelingt, ihre Wohnungen zu vermieten.

Der Fall der Südlichen Friedrichstadt liegt anders. Hier gibt es nach wie vor Reste gemischter Stadtstruktur, hier ist man auch massiv und mit viel Geld hineingegangen. Trotzdem stagniert sie und bietet das Erscheinungsbild eines künftiges Sanierungsviertels.

Die Südliche Friedrichstadt ist, als Stadtadresse, ein Produkt der Bezirksgliederung von 1920: Sie ist der zum Bezirk Kreuzberg geschlagene Teil der Friedrichstadterweiterung von 1732. Als nach 1945 die Bezirksgrenze zwischen Mitte und Kreuzberg zur Grenze zwischen Ost und West wurde, war sie der einzige auf westberliner Territorium liegende Teil des Historischen Zentrums überhaupt. Als solches war das Gebiet heimatlos – weder zum eigentlichen Kreuzberg gehörig, noch vom Westen her als Teil des eigenen Berlin gesehen, in seiner historischen Bedeutung von Bezirk wie Senat gleichermaßen verkannt und vernachlässigt. Und das sieht man ihm an, bis heute.

Auch die Wende hat diesem Gebiet wenig gebracht. Inzwischen war es so verbaut, so sehr mit den Lässigkeiten und Beliebigkeiten westberliner Sozialdörflichkeit aufgefüllt, daß es schwer fiel, sich die Zugehörigkeit zur Mitte vorzustellen. In der Friedrichstraße wurden gerade einmal zwei leere Ecken neu bebaut. Die Touristen machen schon an der Ecke der Friedrich- zur Kochstraße halt. Oder sie suchen, weder links noch rechts blickend, ihren Weg zum Jüdischen Museum. Mehr als den Check Point Charly hat die Südliche Friedrichstadt denn auch in den Augen der Berliner Regierenden nicht beizusteuern. Der Rest der Friedrichstraße zählt nicht. Nicht einmal die aufwendige Neuplanung und Neubebauung von Pariser und Leipziger Platz war ein Anlaß, sich dem dritten barocken Königsplatz der Friedrichstadt zuzuwenden, dem heutigen Mehringplatz, dem südlichen Zielpunkt des Gebiets. Hier unten ist die Wende nie angekommen. Wenn vom Gebiet überhaupt die Rede ist, dann als von einem sozialen Brennpunkt.

Das Abseits hat natürlich seine Vorgeschichte. Drei große Wellen waren es, die im Laufe der Jahrzehnte über die Südliche Friedrichstadt hinweggegangen sind und sie mehr oder minder dehabilitiert haben: erst die Kriegsbombardements, die weite Teile in Trümmer legten, dann die Verkehrsplanung der sechziger Jahren mit zugehörigen Abrissen, welche den Stadtgrundriß vernichtete, schließlich die Internationale Bauausstellung 1984/87 mit einem Reparaturmodell, das noch die verbliebenen Chancen zur Korrektur verbaute.

Über die Kriegszerstörung muß man nichts sagen, das spricht für sich und war, einmal so weit gegangen, nicht zu vermeiden. Anders das, was danach kam. Die Verkehrsplanung sah in der zerstörten Stadt die einmalige Gelegenheit, ihr orthogonales Verkehrsraster durchzusetzen – statt der barocken, sternförmig auf den Mehringplatz zulaufenden Achsen parallel geführte Schnellstraßentrassen. Wilhelm- und Lindenstraße wurden also umgebogen und mit Straßen südlich des Landwehrkanals verbunden, genau so, wie Ostberlin das am Alexanderplatz machte. Auch hier geschah das natürlich unter Abriß alles dessen, was an historischer Bausubstanz noch im Wege stand.

Ein ganz besonderes Verhängnis kam hinzu, die Planung einer Südtangente: eines Stücks Stadtautobahn, welches nördlich des Mehringplatzes durch die Friedrichstadt geführt werden sollte, um danach Kreuzberg zu durchqueren, auch da ein willkommener Grund, das Gebiet für den Abriß vorzusehen. Das Projekt wurde schließlich fallen gelassen, die Trasse allerdings blieb und ist heute in der Südlichen Friedrichstadt allgegenwärtig: einerseits in den siebzehngeschossigen Großtafelbauten, die den Mehringplatz nach Norden abschließen, zum andern durch Begrünung der Trasse selber.

Dann kam, 1975, der offizielle Bruch mit der Moderne, der in Westberlin mit dem Namen von Harry Ristock* verbunden ist: Verzicht auf weitere Großsiedlungen, stattdessen Innenstadtausbau. Als 1978 die Idee einer Bauausstellung Gestalt annahm, wurde die Südliche Friedrichstadt ein Kerngebiet des Vorhabens. Die IBA war aber schnell gespalten – in eine Sanierungs- und eine Neubau-IBA, wobei die Südliche Friedrichstadt naturgemäß das Jagdgebiet der IBA-Neu war.

Um nach den erfolgten Zerstörungen überhaupt wieder eine Chance zu urbaner Ordnung der Verhältnisse zu kommen, wäre es nötig gewesen, den historischen Stadtgrundriß so weit wie möglich wieder ins Recht zu setzen, einschließlich der zugehörigen Parzellensystematik. Nur dann hätte man der Verkehrsplanung etwas entgegenzusetzen gehabt, nur dann hätte man einen gewissen Stadtzusammenhang geschaffen. Die Neubau-IBA verfolgte unter ihrem Direktor Josef Paul Kleihues aber ein rein architektonisches Interesse. Es wurde viel, und zum Teil interessant, gebaut, doch die Chance, das Gebiet für mehr zu qualifizieren denn als Auffanggebiet für Sozialfälle – IBA-Bauten wurden im Rahmen des Sozialen Wohnungsbaus errichtet –, diese Chance wurde vertan.

Die Südliche Friedrichstadt ist heute nicht nur in Teilen sozialer Brennpunkt, sie ist ebenso ein städtebauliches und stadtplanerisches Notstandsgebiet, und beides hat etwas miteinander zu tun. Nach zehn Jahre IBA-Tätigkeit und gewaltigen öffentlichen Investitionen ist das ein wahrhaft blamables Ergebnis. Die Hauptaufgabe wäre gewesen, dem Gebiet wieder zu einer eigenen Dynamik zu verhelfen. Stattdessen wurde überall, wo das ohne Konflikte möglich war, gebaut, dazwischen wurden sozialtherapeutisch Grünanlagen gestreut. Es ist ein Flickwerk entstanden, das an keiner Stelle diejenigen Dichten und Ansiedlungsreize geschaffen hat, die nötig gewesen wären, um die westberliner Randlage zu wirklichem Leben zu bringen.

Überall stehen seitdem einzelne Architekturmonumente herum. Kreuz und quer zieht man durch das Gebiet und fragt sich, wo und in welcher Zeit man ist, kaum anders als sich das im Ostberlin der DDR-Jahre anfühlte. Schauarchitektur und Vorstadt, soziale Bedürftigkeit und Elemente teuerer Ausstattung, Ramschläden und völlige Ödnis durchdringen sich auf verwirrende Weise. Die Jahre vergehen – zwanzig Jahre ist es her, daß die IBA den Löffel abgegeben hat –, und es ändert sich nicht.

Inzwischen wäre natürlich Zeit gewesen, die Versäumnisse der IBA zu korrigieren. Aber alle wirtschaftliche Potenz und alle politische Aufmerksamkeit warf sich auf den ostberliner Teil der Friedrichstadt, den es neu zu erobern galt. Es zeigte sich dann auch, daß Veränderung nur gegen den Bezirk Kreuzberg möglich gewesen wäre, von den Bewohnerwiderständen ganz abgesehen. Zumindest eine Folgerung hätte aus der Öffnung am Checkpoint Charly gezogen werden müssen: die, auf dem Mehringplatz die korrespondierende Schließung der Friedrichstraße nach Süden rückgängig zu machen. Die Öffnung der historischen Achse wäre zweifellos ein Kraftakt gewesen, aber ein kleinerer und durchaus möglicher. Doch nicht einmal dazu hat die Kraft gereicht. Man hat lieber gleich insgesamt um den Sanierungsfall Mehringplatz einen Bogen gemacht.

Mollstraße

Vom Oranienburger Tor bis zur Prenzlauer Allee heißt der Verbinder Torstraße. Der Straßenzug verband einst sämtliche Tore der Zollmauer nördlich der Spree, also der Berliner Seite, eine Zollgrenze, die, anders als die der cöllnischen Seite im Süden, die längste Zeit keine Mauer war, sondern bloß eine Palisade. Die Torstraße gehört also in die Familie der Boulevards, des Pariser Zuges Boulevard des Capucines, des Italiens, Montmartre, Poissonière, Bonne Nouvelle usw., oder des Wiener Gürtels. Die Torstraße ist wohl, nächst der Potsdamer, die spannendste Straße von Berlin, ein wildes Gemisch von Verkehrsgetümmel und Schweigsamkeit, von Plattenbau und Altberlin, von Mitte-Schick und Dritter Welt. Sie steht gleichsam außerhalb des Schauraums Mitte, und selbst so szenegeplagte Orte wie der Rosenthaler Platz oder das Schönhauser Tor fügen sich dem ein.

An der Prenzlauer Allee ist damit Schluß. Bis in die sechziger Jahre war da ein echtes Hindernis, dem Umstand geschuldet, daß die Mauer hier, am Prenzlauer Tor, nach Norden bog und über den Prenzlauer Berg zum Königstor lief, von wo sie, auch die äußere Königsstadt umfassend, zum Landsberger Tor ging, über die Friedensstraße zum Frankfurter, und von dort zum Stralauer vor der Oberbaumbrücke.

Jetzt geht es geradeaus weiter. Jäh ist der Raum aufgebrochen, die Spur der historischen Stadt verliert sich in den Weiten radikaler Verkehrsplanung. Das ist die Mollstraße. 90 Meter lichte Raumweite, zwei Schnellstraßenkreuzungen, 800 Meter Gerade, dann Schwenk nach Osten zur Kreuzung Patz der Vereinten Nationen, in deren Rücken sie, gefolgt von bestenfalls einem Drittel der Verkehre, in die Landsberger Allee übergeht.

Aber was heißt hier Straße. In erster Linie haben wir es mit einem Prinzip zu tun: der Verkehrung des Verhältnisses von Erschließungs- und Nutzungsfläche. In der gewöhnlichen Stadt herrscht eine einfache Ökonomie: Ein eher minimiertes Maß an Erschließungsfläche dient einem eher maximierten Maß an Bau- und Nutzfläche. Es kostet ja das Geld aller. Hier ist es genau umgekehrt gemacht: Ein Maximum an Verkehrsfläche erschließt ein Minimum an Bebauung. Die Verkehrsfläche ist die Hauptsache, und sie ist es in bewußter Demonstration der Freiheit von Kosten-Nutzen-Beziehungen, also nicht Funktion sondern Behauptung: Verkehrsfläche als Spiegel einer Vergesellschaftung, die zum Selbstzweck geworden ist und die Zustimmung der Teilnehmer nicht nötig hat.

Es hat keinen Sinn, hier von Sozialismus und DDR zu reden. Die Mollstraße ist das so sichtbare wie sinnlose Fragment einer nach 1945 geplanten Umwandlung Berlins in eine Siedlung der Moderne – lockere, funktional entmischte Aggregate des Wohnens und Arbeitens, eingehängt in ein Raster sich kreuzender Stadtautobahnen. Das Projekt geht auf Peter Friedrich zurück, den aus London zurückgekehrten Verkehrsfachmann in Scharouns kurzlebigem gesamtberliner Aufbaustab, wurde, unterhalb aller politisch-ideologischer Spaltung, von den Tiefbauern von Ost und West gleichermaßen vorangetragen, und es hinterließ bis heute nicht bewältige Schneisen auch im westberliner Stadtgebiet.

Ein entsprechendes Verkehrsaufkommen hat es zu DDR-Zeiten nie gegeben. Es war allezeit zum Lachen, wie hier, oder nicht anders auf der Karl-Marx-Allee, bei jedem Ampelgrün sich ein winziger Pulk von Kleinwagen in Bewegung setzte und nach zwei Sekunden eine leere Asphaltfläche hinter sich zurückließ, bis der nächste vom Ampelrot aufgestaute Pulk herbeikam.

Ein entsprechendes Verkehrsaufkommen gibt es aber auch heute nicht, trotz eines vervielfachten ostberliner Autobesatzes. Einerseits herrscht an den beiden Kreuzungen ein solcher Verkehrslärm, daß man ihn mühelos zu Herzinfarkten der Umwohner in den umstehenden Großtafelscheiben hochrechnen könnte. Da hat man mit Fleiß alles auf einen Punkt konzentriert. Für die Gesamtstrecke gilt das ganz und gar nicht, und ab elf Uhr nachts könnte man sich auf der Fahrbahn beinah schlafen legen.

Verkehrssystemisch sinnvoller ist die Sache durch den Mauerfall und die Öffnung Ostberlins nach Westen auch nicht geworden. Nach wie vor fährt das realisierte Teilsystem, ob Mollstraße, Karl-Marx-Alle oder Holzmarktstraße / Alexanderstraße – spätestens an der Achse Prenzlauer Allee / Karl-Liebknecht-Straße an die Wand. An dieser Grenze stehen nach wie vor zwei völlig verschiedene Stadtstrukturen gegeneinander, westlich das dichte Geflecht von Spandauer Viertel und Rosenthaler bzw. Schönhauser Vorstadt, wo an Durchbrüche oder Verbreiterungen nicht zu denken ist und alle Ringstraßenträume reine Rhetorik bleiben, östlich die mehr als aufgelockerte Planstadt der Moderne, mehr Verkehrs- als Baufläche, wenige Hochhauszeilen in Plattenbau, eine Nutzungsdichte, die so niedrig ist, daß sie nur mit Stadtrandgebieten zu vergleichen ist.

Doch wenn schon ohnehin jeder existierende Quadratmeter Automobilfläche ein Besitzstand der Verkehrsverwaltung ist, der wie ein Nibelungenschatz gehütet wird, wäre es Sakrileg, das Monstrum Mollstraße anzurühren: Es ist ein Monument, dem zwar alles Zugehörige abhanden gekommen ist – Staatssozialismus, Vollautomobilisierung, die Massen getakteter industrieller Arbeitsschichten, Auflösung der Stadt, billiges Benzin und sorgloser Ausstoß egal welcher Schadstoffmengen –, von welchem Abschied zu nehmen für die Kaste der Verkehrsplaner aber hieße, den Verdacht an sich heran zu lassen, man könne sich geirrt haben.

So ist es kein Wunder, daß die westberliner Stadtentwickler sich auch im einundzwanzigsten Nachwendejahr noch nicht an dieses Monstrum heran trauen. Vorstöße des Planwerks Innenstadt wurden umgehend verworfen. Die Ertüchtigung der Straßenbahn zu einer innerstädtischen Schnellbahn auf feldüblichem Eisenbahnunterbau hat Abstoßungswirkung und Fußgängerfeindlichkeit der Trasse noch verstärkt. Die Mollstraße ist also kein Monument mehr der DDR-eigenen Verzahnung von Sozialdiktatur und Moderne, sondern der Unentschiedenheit und Feigheit der politischen Spitzen der Stadt von heute.

A 100

Die Verkehrsplanung ist der Kern der Unbeweglichkeit. Was hilft es, daß immer mehr Berliner ohne Auto auskommen, die alten Pläne, ob Speer-Plan oder Nachkriegsplanung, müssen realisiert werden. Mehr ist zum Weiterbau des Südringes der Stadtautobahn jenseits der Anschlußstelle zur A 113, der Flughafenautobahn, nicht zu sagen. Die verkehrstechnische Diskussion kann man sich also sparen. Die Weiterführung wird nicht gebraucht, sie schafft nur neue Probleme, und sie würde konkurrenzlos teuer sein. Aber es hängt eben viel Geld daran, Bundesgeld. Mehr gehört hier – es geht um Spazierengehen in der Stadt, und die Stadtautobahn ist weder zum spazierengehen da noch ist sie Stadt – auch gar nicht her. Was bleibt, ist das Moment des Unheimlichen.

Es wäre ja auch zu schön, an die fortschreitende Urbanisierung des Lebens zu glauben: daran, daß man da, wo man steht, sich gut befindet und nicht schleunigst ins Auto steigen und die Straßen unsicher machen muß. Aber nein, das Unheimliche ist nicht nur der Mobilitätsdrang, das Unheimliche ist die Spaltung: hier das scheinbar immer aufgeklärtere, ökologischere, genußvollere Stadtleben, dort die gigantische Maschine, die uns und unsere Urbanitätsträume und Mobilitätszwänge trägt und vor sich her jagt. Maschine ist noch zu wenig gesagt: Es ist das Ineinander der zwei großen Unbezähmbarkeiten, des nimmermüden Investitionsdrucks, zu viel Geld, das angelegt und stetig mehr werden muß, und des unaufhaltsamen technischen Selbstlaufs, vermehrter Leistung, gesteigerter Geschwindigkeiten, der von Optimierung zu Optimierung, von Norm zu Norm voranschreitet und sich, unbekümmert um Vorhandenes und soziale Widerstände, Energiekrise und Benzinpreise, *burning out* der Tätigen und Exklusion der Untätigen, durch die Städte und Lebensverhältnisse fräst. A 100, das ist der ungebrochene Wachstumswahn, das Gerede, zwischen Neukölln und dem neuen Flughafen wachse die neue Stadt (statt, wie überall sonst, als häßlicher Klumpen außerhalb Berlins um den Flughafen herum), die Illusion, daß es immer so weiter gehen könnte.

Berlin am Meer

Monbijou

Berlin am Meer, das ist ein Ausdruck, der durch die jugendlichen Schichten der Stadt wandert. Er verlangt mit vollem Bewußtsein das Unmögliche, Berlin hat viele Seen, aber kein Meer. Berlin am Meer, das steht für das große Dennoch der Lebenswünsche, für die Erfüllung des Unmöglichen, dafür, daß es vielleicht irgendwie doch noch geht. Berlin am Meer ist ein Lebensgefühl. Man hat einen Film daraus gemacht, mal sehen, ob das Gefühl den Film übersteht, vermutlich gelingt es.

Berlin liegt weit ab von jedem Meer. Man mußte immer an die Ostsee fahren, ein Binnenmeer noch dazu, das in den zwanziger Jahren despektierlich die Badewanne der Berliner genannt wurde. Von Tucholsky stammt die berühmte Zusammenfassung der Wohnwünsche überzeugter Berliner: vorne die Friedrichstraße und hinten die Ostsee. Wenn es darunter nicht geht, das Meer aber weit weg und Bahnfahren teuer ist (Autofahren auch), dann muß man sich etwas ausdenken.

Das taten die Leute vom Hexenkessel Hoftheater: Um ihr mal am Monbijoupark, mal auf einem Schiff in der Spree im Freien spielendes Theater auch über die Wintermonate finanzieren zu können, erfanden sie die Strandbar: aufgeschütteter Sand, eine aus rohem Holz fachmännisch zusammengezimmerte Bar, Blick auf Spree und Bode-Museum, im übrigen Sommer und gute Laune: das war das Konzept. Es war ein Riesenerfolg. So sehr, daß das Konzept im nächsten Jahr mehrfach kopiert wurde, es entstand die Strandbar unterhalb des Bundestagskindergartens an der Kronprinzenbrücke, die, als die Uferpromenade zur Baustelle wurde, auf das andere Ufer zog, und als das bundesseitige Ufer fertig gebaut war, etablierte sich gegenüber dem Lehrter Bahnhof eine weitere Szene.

Inzwischen vertrieb der Neubau des fehlenden Teils der

Monbijoubrücke und der Uferpromenade die Theaterleute von ihrem Strand am Monbijoupark. Wo Strand war, ist Promenade geworden. Die Theaterleute erfanden als Ausweichlösung die Märchenhütte, sie bauten ein Sommertheater im Shakespeare-Format, zu Weihnachten bauten sie letztes Jahr eine neapolitanische Krippe auf, die von einem katholischen Priester geweiht wurde, der, einem nur Rom unterstehenden Orden zugehörig, dies in altrömischer Liturgie, lateinisch also, bewerkstelligen durfte. Meer ist überall. Und inzwischen ist auch der Strand wieder da, es wird in die Nächte getanzt.

Mauerpark

Wenn das Meer zu haben ist, warum nicht auch Griechenland. Vor zehn Jahren wurde der Mauerpark zur Nutzung freigegeben. Der Entwurf des Hamburger Landschaftsarchitekten Gustav Lange gehört zum Besten, was seit der Wende in Berlin an Land geschwemmt wurde. Der Park ist eine einzige große Reisefantasie, Reise zu den klassischen Stätten der Peloponnes oder Siziliens, eine Investition in die Fantasie der Nutzer.

Lange sparte sich große Erdbewegungen. Er nahm, was da war: auf der einen Seite, ehemals Westen, die ebene Fläche des Eberswalder Bahnhofs, des einstigen Güterbahnhofs der Nordbahn, auf der anderen, der DDR-Seite, den aufgeschütteten Hang, in welchen in den fünfziger Jahren das Stadion der Weltjugend eingebettet worden war. Längliche, wenig behauene Granitblöcke sind die Bausteine, mit denen Lange diese so verschiedenen Vorgaben für seinen Zweck verfügbar gemacht hat. In den Hang legt er aus solchen Steinen ein kleines griechisches Theater, Pappel und Säuleneichen schaffen, zusammen mit dem wochenlang im Sommer blaulila blühenden Salbei, eine Epidauros-Stimmung. Oben auf der Hangkante stehen große Schaukeln, mit denen man ins Tal und in den Himmel schaukeln kann. Die ebene Schotterfläche gegenüber wurde überwiegend nur mit einem strapazierfähigen Rasen bedeckt, man soll dort Fußball spielen können. Hinten endet diese weite Ebene, die man im Winter, falls es schneit, auch wie eine zugeschneite Seeoberfläche begehen kann, in einem Birkenwäldchen, Beresina. Großartig aber ist der Antritt von der Bernauer Straße aus. Es sind nur wenige Stufen, um auf die Ebene zu kommen, aber wie diese Stufen gelegt sind, das ist wie das Podest eines großen griechischen Tempels. Und dann tritt man in einen kleinen, sehr locker gepflanzten Hain ein, durch den man die freie Ebene erreicht.

Kein Park, wie man ihn gewohnt ist. Anfangs war es dort wunderbar still, man konnte ungestört seinen Griechenlandfantasien nachhängen. Die Normalbevölkerung ignorierte das Angebot. Dann aber tauchten immer öfter Trommler, Sprayer, Punks und junge Leute aller Art auf, und ehe man sich's versah, war der Park zur Szeneattraktion geworden, etablierten sich Musikgruppen, Boulespieler und Geburtstagsparties, fanden Feste statt, Fête de la Musique, Polizeiaufgebote am 1. Mai mit zugehörigem Krawall, jeden Sonntag Karaoke in der Theatermulde. Irgendwann war der Zustand erreicht, daß, kaum ist ein Sonnenstrahl zu sehen oder der erste halbwegs warme Tag da, der Mauerpark von Menschen überschwemmt wird wie ein süditalienischer Corso.

Denn zwischen Hang und Ebene liegt, gleichsam vertieft, die alte Schwedter Straße mit ihrem Granitpflaster und verbindet für Fußgänger und Radfahrer Mitte und Prenzlauer Berg. Auf Höhe der Schmelinghalle geht sie hinab zur Gleimstraße, und hat man die überquert, folgt ein Aufstieg, der nicht nur den gegenüberliegenden Hang hinauf führt, sondern, an Kinderbauernhof und Kletterfelsen vorbei, auf die Schwedter Brücke, über das Bahngelände mit seinen sich kreuzungsfrei verknüpfenden, aus drei Richtungen kommenden Schienensträngen hinweg, bis zur Höhe der Behmbrücke, vor sich nichts als den Himmel und die in den Flughafen Tegel einfliegenden Flugzeuge.

Jetzt ist der Bezirk ratlos, wie er die Müllmengen einfängt, die Ausscheidungen von Mensch und Tier verträglich macht, wie er die Abnutzung auffangen, die Ränder zwischen Nutzung und Stadtstreichertum begrenzen soll. Gleichzeitig steht die Verdoppelung um die Flächen des Eberswalder Güterbahnhofs auf dem Gebiet von Mitte an, und eine militante Bürgerinitiative blockiert den mühsam zwischen Bezirk und Entwickler Vivico ausgehandelten Kompromiß. Der Mauerpark ist zum Dauerproblem ohne Ausgang geworden. Trotzdem geht man hin, und sei es, um im Dunst der Sprayer an der Restmauer die letzten Sonnenstrahlen des Tages abzugreifen.

Es muß auch nicht ewig so bleiben, Szenenutzungen driften, wenn sich der Rahmen ändert. Wer heute die Weite, den großen Himmel und die alte Stille haben will, geht ohnehin lieber in die Kieler Straße, an den Spandauer Schiffahrtskanal. Diese Promenade ist, von der Sandkrugbrücke an der Rückseite des ehemaligen Invalidenhauses vorbei, über den Invalidenfriedhof und weiter bis zu Pankekanal und Nordhafen, so schön wie kaum entdeckt.

Die Gärten von Marzahn

In Potsdam gibt es das Belvedere auf dem Pfingstberg, ein Traumschloß Friedrich Wilhelms IV., von dessen Türmen man in die weite blaue Landschaft schaut und an Sonnentagen zu fliegen glaubt, hinüber zu den glitzernden Seen, den Hügeln und Merkzeichen der Potsdamer Gartenlandschaft, zu den Waldketten am Horizont. Gibt es in Berlin Vergleichbares? Wenn man alle italienische Attitüde vermissen kann und der heutigen Zeit zutraut, mit moderner Technik aus Müll Gold zu machen, dann ja. Man fährt mit der S 5 (oder der U 5) bis zum Bahnhof Wuhletal, steigt dort aus und wandert, oder radelt, das Wuhletal hinauf, und nach einiger Zeit hat man das Massiv des Kienberges vor sich. Nichts wie hinauf. Der Schutt- und Müllberg ist inzwischen dicht bewachsen, jedes Jahr mehr, und die gewundenen Wege machen das auch für Radfahrer zu einer gut zu bewältigenden Sache, ein Hauch von Mittelgebirge. Oben, 103 Meter über dem Meeresspiegel, öffnet es sich, man hat einen beliebig weit schweifenden Blick auf Berlin, vor und hinter sich die Großtafelstadt, weiter weg das Zentrum, im Südosten die Müggelberge, im Süden den Biesdorfer Berg, im Norden die Ahrensfelder Berge, die so gar noch zehn Meter höher sind und wie Biesdorfer und Kienberg aus Bombenkriegsschutt und Müll gebaut. Noch weiter als die Stadtlandschaft ist der Himmel, man möchte fliegen können.

Dann geht es hinab, und unter Umgehung eines geschützten Gebiets erreicht man einen der beiden Eingänge der Marzahner Gärten, das abwechslungsreichste der Berliner Gartenreiche. Wenn in Potsdam jede königliche Generation ihren Garten baute, so sind hier in wenigen Jahren Kulturen nebeneinander entstanden, Gärten der Welt. Ein stringentes System wie im Zoo oder im Botanischen Garten gibt es nicht, es sind wohl eher Zufälle und Sponsoren gewesen, die zu der Zusammenstellung geführt haben, und so entsteht bislang Jahr um Jahr Neues. Selbst einen Christlichen Garten gibt es jetzt, offenbar eine per 2001 für nötig befundene Entgegnung zum arabischen Garten, und jetzt plant die Staatsoper sogar einen Operngarten. Beschreibung erübrigt sich, man muß hingehen und sich, selber friedlich, dem friedlichen Beieinander der Kulturen widmen.

Tempelhofer Feld

Berliner Scheinmeer, ein doppelter Trugschluß: nicht nur kein Meer, sondern auch kein Park (von Park zu reden – nebenan ist die Hasenheide –, ist der beste Beweis der Täuschung). Dafür eine riesige Projektionsfläche für alle gängigen Illusionen städtischer Zukunft. Denn, worauf die Begeisterten hereinfallen und was sie mit Landschaft, Weite und Fliegenlernen verwechseln, ist das genaue Gegenteil: die technisch hergestellte abstrakte Fläche eines Flughafens. Diese Fläche ist so abstrakt, daß man sie im Kopf mit den aufgelösten Grenzen im Internet verbinden und entsprechend ungeniert überschreiben kann. Vier Quadratkilometer Stadtfläche, zweimal Helgoland, das überfordert die Wahrnehmung und ist mehr, als Stadtplanung wie Freiflächenenthusiasten denken können. Um so besser funktioniert der Spuk, den der Senat, an allen stadträumlichen und wirtschaftlichen Realitäten vorbei, hier abzieht.

Ins Offene

Was wäre Berlin ohne seine Provisorien und Abbruchkanten. Nirgendwo in der Stadt ist man ganz sicher davor, nicht ein paar Schritte später in irgendeinem Abseits zu landen, in einer Tasche der Stadt, wo man nicht mehr weiß, ob man sich noch in Berlin befindet, auf abgeräumten Industriebrachen, die erfolgreich der Verbauung widerstehen, in Laubenkolonien, Trümmergrundstücken, nie geordneten Restflächen zwischen sich schneidenden und wieder trennenden Eisenbahngleisen, auf Treidelpfaden an mehr oder minder unbelebten Kanälen – die Auswahl ist groß.

Schon um 1900 fielen die abrupten Wechsel auf, die sich damals dem Baueifer konkurrierender Eisenbahngesellschaften oder dem stochastischen Vorgehen der Bauspekulation verdankten. Wenn dagegen heute der Stadttext fast überall abbrechen kann, so ist das weit mehr als die stetige Vergegenwärtigung dessen, wie schwach und unzureichend letztendlich alles Planen ist. Es sind die riesigen historische Verwerfungen hinzugekommen. Jahrelange Bombenabwürfe der alliierten Luftgeschwader haben das Stochastische, Zufällige des Stadtrandes oder Grenzbereiche zwischen Stadt und Vororten endgültig bis ins Innerste der Stadt hinein getragen. Die Abrisse und Sanierungsfeldzüge der Nachkriegsepoche vervollkommneten das Bild an Stellen, wo der Krieg nicht hingelangt hatte, ein weiteres Reservoir von Brachflächen stellten die ost- wie westberliner Abrisse im Zuge der Mauer zur Verfügung.

Wo sich trotzdem wieder Kontinuität herstellte, trat in den späten siebziger und achtziger Jahren die Stadtgeschichtsforschung ein und markierte die unsichtbaren Brüche in der Stadt: jene vielen Orte, wo der NS-Terror sich häuslich eingerichtet hatte, wo wilde KZs gewesen waren, Sammelstellen für den Abtransport der Berliner Juden in die Gaskammern, Bahnsteige und Gleise, wo die Züge nach Auschwitz abfuhren, Häuser, in denen jüdische Familien gewohnt haben, abtransportiert 1942, Wohnungen von Kommunisten und Widerstandskämpfern, die im KZ oder in Plötzensee umgebracht wurden, Demnigs bronzene Pflastersteine* vor den Wohnhäusern der Umgebrachten, ein Netz von Wegen in den Tod, das diese Stadt feinmaschig durchzieht.

Eine dritte Ressource sind die Industriebrachen: abgesiedelte Industrieareale, stillgelegte Bahnflächen und Gebäude der Bahntechnik. So z. B. das Reichsbahn-Ausbesserungswerk an der Revaler Straße, das jahrelang als RAW Tempel ein Aktionszentrum der Nischenbesetzer und Selbstverwirklicher bildete. Besetzung ist eine Sache auf Zeit, man weiß es und will es doch nicht wahrhaben, ist empört, wenn dann doch die Verwertungszwänge zugreifen, die kostenlose Spielfläche gekauft oder aufgegeben, das spielerisch Begonnene wirtschaftlich so tragfähig gemacht werden muß, daß man Mieten zahlen kann.

Das alles macht aber offenbar nicht depressiv. Es ist ja eine neue, weitgehend international erfahrene oder durchmischte Generation, die sich der Innenstadt und ihrer Brüche bemächtigt hat. Für sie sind alle diese Brechungen, die Provisorien und Brachen zugleich Sprungbretter für den Abflug in das rein Mögliche, in das, was jeder Einzelnen sich vorstellen mag und hineintragen will. Scheinbar ist alles neu zu beschreiben, nichts festgelegt, Raum für jedermann, sich einzuschreiben. Kein Unterschied also zwischen Einheimischen und Fremden. Überall ist jene Uferlinie oder jener Küstenstrich, der das Vorhandene vom Möglichen, Vorstellbaren, Erträumten trennt.

Glossar

Anmerkungen der Herausgeber

*6 **„der Blick eines Stadtplaners“:** der Autor hat u. a. 1996–99 das sogenannte „Planwerk Innenstadt Berlin“ mitverfaßt.

*7 **Berghain:** 2004 gegründeter Club in Berlin Friedrichshain, galt einem Londoner Fachblatt 2009 als bester Techno-Club der Welt.

*10 **Julius Rodenberg:** geboren 1831, gestorben 1914 in Berlin, Journalist und Schriftsteller – „Herrn Schellenbogen's Abenteuer – ein Stücklein aus dem alten Berlin“ erschien 1890 bei Gebrüder Paetel in Berlin.

Franz Hessel: geboren 1880 in Berlin, gestorben 1941 in Sanary-sur-Mer, Übersetzer, Lektor und Schriftsteller – „Spazieren in Berlin“ erschien erstmals 1929, mehrfach Neuausgaben, zuletzt 2011.

*19 **Sven Hedin:** geboren 1865, gestorben 1952 in Stockholm, Geograph, Reisender, Schriftsteller – „Von Pol zu Pol“ erschien auf Deutsch in drei Bänden 1911/12, Neuausgabe 1980.

*21 **GMP:** das 1965 gegründete Architektenbüro von Gerkan, Marg und Partner, Zentrale in Hamburg, Niederlassungen in Europa, Asien und Südamerika.

*27 **Jan Kleihues:** geboren 1962, Berliner Architekt, gründete 1996 zusammen mit seinem Vater Josef P. Kleihues und Norbert Hensel in Berlin das Büro Kleihues und Kleihues.

*29 **Merve-Verlag:** Berliner Verlag für Philosophie, Kunst und Politik, gegründet 1970, wichtiger Verlag für die neue Linke, seit den 80er Jahren viele Autoren der französischen Postmoderne.

Andreas Reidemeister: Architekt in Berlin (von ihm stammt zum Beispiel das inzwischen abgebaute blaue Kugel-Studio am Breitscheid-Platz.

*30 **Speer-Planung:** der Architekt Albert Speer (1905–1981) war einer der einflussreichsten Planer des nationalsozialistischen Deutschlands; nach 1937 entwarf er als sogenannter Generalbauinspekteur für die Reichshauptstadt zahlreiche Monumentalbauten für Berlin; nach 1942 Reichsminister für Bewaffnung.

Ingenieubüro Schlaich: Das Büro Schlaich, Bergermann und Partner mit Sitz in Stuttgart, Berlin und New York wurde 1980 gegründete. Zahlreiche Brückenbauten.

*35 ÖPNV: öffentlicher Personen-Nah-Verkehr.

*36 Moabiter Kissen: flach auf der Straße angebrachte Hindernisse zur Verkehrsberuhigung, benannt nach dem Berliner Stadtteil Moabit.

*45 IBA: Internationale Bauausstellung 1984 in Berlin (s. a. S. 138)

*47 Jean Nouvel: geboren 1945, Architekt, die „Ateliers Jean Nouvel" gehören zu den größten Architekturbüros Frankreichs, Zentrale in Paris, Niederlassungen in Europa und USA.

Pei/Cobb/Freed: International tätiges Architekturbüro mit Sitz in New York, gegründet zunächst 1955 von I. M. Pei, seit 1989 mit dem derzeitigen Namen und den Partner Henry N. Cobb und Eason H. Leonard.

Ungers: Owald Maria Ungers, geboren 1926, gestorben 2007 in Köln, Architekt und Architektur-Theoretiker, als Architekt wie als Architekturlehrer einer der einflußreichsten Architekten des 20. Jahrhunderts.

*51 Scharoun-Kollektiv: nach dem Baumeister Hans Scharoun benannt; Scharoun war seit 1945 Leiter der Abteilung Bau- und Wohnungswesen des Großberliner Magistrats und gründete 1946 das Kollektiv, das einen Plan für den Neuaufbau der zerstörten Stadt entwarf (s. a. S. 141).

Peter Friedrich: Architekt und Stadtplaner (1902–1987), Mitglied des sogenannten Scharoun-Kollektivs.

*58 Tesar: Hans Tesar, Wiener Architekt, seit den achtziger Jahren ein Protagonist der zweiten Wiener Moderne.

Chipperfield: David Chipperfield Architects, internationales Architekturbüro mit Sitz in London, Berlin, Mailand und Schanghai, gegründet 1984.

*59 Aldo Rossi: geboren 1931, gestorben 1997 in Mailand, einer der einflussreichsten Architekten und Designer Italiens, formulierte 1973 den Begriff einer „archittetura razionale" (s. a. S. 123).

*72 Kahn: Louis Kahn, amerikanischer Architekt, Stadtplaner und Architekturlehrer, geboren 1901, gestorben 1974 in New York. Vor allem öffentliche Bauten, wie Schulen Museen, Synagogen, etwa in New York, Jerusalem, Venedig.

Schultes: Axel Schultes, geboren 1943 in Dresden, Berliner Architekt, gründete 1992 zusammen mit Charlotte Frank und Christoph Witt das Büro Axel Schultes. Frank und Schultes gewannen 1993 mit ihrem Entwurf den Planungswettbewerb für das Regierungsviertel in Berlin; beide Architekten bauten auch das Bundeskanzleramt (2001).

*73 **Étienne-Louis Boullée:** geboren 1728, gestorben 1799 in Paris, Architekt, bekannt vor allem durch monumentale, streng klassizistische Entwürfe.

*78 **Foster Associates:** Architekturbüro mit Sitz in London, 1967 von Norman Foster gegründet (seit den 90er Jahren Foster und Partner).

Wallot-Bau: das von dem deutschen Architekten Paul Wallot (1841–1912) entworfene Gebäude des Deutschen Reichstags in Berlin, 1894 nach zehn Jahren Bauzeit fertig gestellt.

*80 **Stefan Braunfels:** geboren 1950 in Überlingen, Architekt, seit 1970 mit eigenem Architektur-Büro, zunächst in München, seit 1996 in Berlin.

*84 **Eisenman:** Peter Eisenman, amerikanischer Architekt und Architekturlehrer, geboren 1932 in Newark, lebt und arbeitet in New York, zahlreiche Bauten in Europa und Amerika, u.a. Mitbegründer der Architektengruppe New York Five, die auf eine Renaissance des Stils von Le Corbusier zielte.

*87 **Hans Stimmann:** geboren 1941 in Lübeck, deutscher Architekt und Stadtplaner, 1991–1997 und 1999–2006 Senatsbaudirektor in Berlin; 1996–1999 Bau-Staatssekretär in Berlin, in diese Zeit fällt das Planwerk Mitte.

Josef Paul Kleihues: geboren 1933, gestorben 2004 in Berlin, deutscher Architekt und Architekturlehrer; Planungsdirektor der IBA Berlin (s. S. 45) – auf Kleihues geht in dieser Zeit der Begriff der Kritischen Rekonstruktion zurück (s.a. S. 27).

Büro Behnisch: seit 1966 bestehendes Architekturbüro in Stuttgart, gegründet von dem Architekten und Architekturlehrer Günter Behnisch, geboren 1922, gestorben 2010 in Stuttgart.

Gehry-Fassade: Bau des nordamerikanischen Architekten Frank Gehry, geboren 1922 in Toronto; Gehry betreibt seit 1962 ein eigenes Architekturbüro in Los Angeles und gilt als Meister der dekonstruktivistischen Architektur.

*91 **Hans Kollhoff:** geboren 1946, deutscher Architekt und Architekturlehrer, eigenes Architekturbüro in Berlin, seit 1984 zusammen mit der Architektin Helga Timmermann (s.a. S. 100f.)

Helmut Jahn: geboren 1940 bei Nürnberg, amerikanischer Architekt, seit 1981 im Büro Murphy/Jahn in Chicago, mittlerweile Büros auch in Berlin und Shanghai.

*93 **Broadacre City:** Städtebauliches und stadtplanerisches Konzept des amerikanischen Architekten Frank Lloyd Wright, zielt auf eine suburbane, dezentrale Stadtlandschaft mit autarken, mobilen Bewohnern.

*94 **Skidmore/Morris/Owens:** das bedeutendste US-amerikanische Büro der zweiten Chicago-Schule, der Schüler Mies van der Rohes, zahlreiche Hochhäuser.

*98 **Düttman'sches Einkaufzentrum:** Bau des Berliner Architekten und Stadtplaners Werner Düttmann (1921–1983) aus den Jahren 1969–72.

Grünfeld-Bau: Sitz des Textil-Kaufhauses F. Grünfeld. Der Besitzer wurde von den Nazis vertrieben und ging nach Palästina.

*107 **Joachim Ganz/Walter Rolfes:** Berliner Architekten, 1976–1994 im Büro Ganz+Rolfes, danach Architekturbüro Joachim Ganz, bzw. Walter Rolfes Architekten, jeweils mit Sitz in Berlin.

*108 **Ipousteguy:** Jean-Robert Ipousteguy, geboren 1920, gestorben 2006 in Lothringen, französischer Bildhauer.

*114 **Hobrechtsche Planung:** James Hobrecht, geboren 1825, gestorben 1902 in Berlin, preußischer Stadtplaner, verantwortlich für den ersten Bebauungsplan Berlins von 1862; seit 1885 als Stadtbaurat, verantwortlich für den Aufbau der Stadtentwässerung in Berlin.

*116 **Goltzstraße:** Straße in Berlin-Schöneberg, in den 70/80er Jahren des letzten Jahrhunderts beliebt wegen ihrer Kneipen und alternativen Szene.

*123 **Dominique Perrault:** geboren 1953 in Clermont-Ferrand, französischer Architekt; seit 1981 mit dem Büro DPA Dominique Perrault Architecture in Paris.

*126 **Franz Ehrlich:** deutscher Architekt und Designer (1907–1984), wichtige Bauten und Entwürfe in Dresden, Berlin und Leipzig, u.a. als Chefarchitekt der Leipziger Messe.

*138 **Harry Ristock:** geboren 1928, gestorben 1992 in Berlin, sozialdemokratischer Politiker, 1975–1981 Bausenator in Berlin.

*151 **Demnigs bronzene Pflastersteine:** Projekt des Künstlers Gunter Demnig (geboren 1947 in Berlin); die sogenannten „Stolpersteine" liegen an mehr als 500 Orten in Deutschland im Pflaster der Bürgersteige und erinnern an letzte dort freigewählte Wohnadressen von jüdischen Bewohnern.

Die Fotos

Die Fotos auf den Seiten dieses Buches zeigen das neuere Berlin, und sie sind auf eine Art sehr alt. Der Fotokünstler Marek Poźniak hat sie unlängst mit seiner *Ensign*-Kamera aus dem Jahre 1896 aufgenommen. Zwischen dem Bau der Kamera und den Bauten, die sie nun festhält, liegen also rund 115 Jahre. Die Kamera ist ein englisches Fabrikat, der Prototyp einer Box, an der sich der Verschluß lediglich öffnen und schließen, nicht aber weiter einstellen läßt. Sie hat auch kein Objektiv, nur eben die Linse (Monokel). Der Fotograf Marek Poźniak wurde 1960 geboren, er lebt und arbeitet in Berlin und Łódź, wo er auch lehrt.

Igor Klech
DAS BUCH VOM ESSEN

Mit mehr als 50 Rezepten
Klappenbroschur, 168 Seiten
ISBN 978-3-940524-12-6

Igor Klech, russischer Schriftsteller mit ukrainischen Wurzeln legt ein einzigartiges Stück Koch-Literatur vor: eine Durchsicht des russisch-orthodoxen Kalenderjahres mit all seinen Festen und seinen vielen Anlässen zu essen. Herauskommt eine ganze Anzahl deftiger Rezepte: vom polnischen Bigos bis zum vorderasiatischen Pilaw über den ukrainischen Speck, Schtschi und Borschtsch.

Arno Widmann
BERLINER FEUILLETON

Fotos von Marta Kilińska
Klappenbroschur, 192 Seiten
ISBN 978-3-940524-02-7

Es ist das klassische Feuilleton: vom Flaneur geschrieben für die allseitig interessierte Öffentlichkeit. Und interessant für den Flaneur und Feuilletonisten ist: alles. Arno Widmann ist ein Meister seines Faches. Seit langer Zeit schreibt er Glossen, Kritiken, Rezensionen, für *taz* oder *Perlentaucher* oder *Berliner Zeitung*. Berlin ist für Widmann dabei die Welt, und die Welt ist überall.

Gedenkstätte Berliner Mauer
Kapelle der Versöhnung
Bernauer Str.
Nordbahnhof
Elisabeth-Schwarzhaupt-Platz
Invalidenstr.
Naturkunde-museum
Museum für Naturkunde
Zinnowitzer Str.
Julie-Wolfthorn-Str.
Schwartzkopffstr.
Caroline-Michaelis-Str.
Wöhlertstr.
Pflugstr.
Th.-Heuss-Weg
Feld-str.
Max-Urich-str.
Strelitzer Str.
Stralsunder Str.
Gartenstr.
Acker-str.
Berg-str.
Anklamer Str.
Elis.kirch-str.
Rheins-berger Str.
Schönholzer Str.
Ruppiner Str.
Arkona-platz
Granseer Str.
Fürsten-brg. Str.
Schwedter Str.
Wolliner Str.
Griebenowstr.
Zions-kirch-str.
Zionskirch-platz
Fehrbelliner Str.
Kastanien-allee
Brunnen-str.
Veteranenstr.
Volkspark am Weinberg
Weinbergsweg
Kirchstr.
Templiner Str.
Zehdenicker Str.
Choriner Str.
Lottum-str.
Chris-tinenstr.
Schönhauser Allee
Rosenthaler Platz
Rosenth. Platz
Rosenthaler Str.
Tor-str.
Linien-str.
Koppen-platz
Slg. Olbricht
Kunst-Werke Berlin
Auguststr.
Kleine Rosenth.
Joachimstr.
Gormann-str.
Rücker-str.
Mulackstr.
Steinstr.
Alte Schönhauser Str.
M.-Beer-Str.
Almstadt-str.
R.-Luxemburg-Str.
R.-Lux. Platz
Sophien-saele
Gipsstr.
Sophienstr.
Gr. Hamburger Str.
Wein-meisterstr.
Neue Schön-hauser Str.
Münzstr.
Centrum Judaicum
Neue Synagoge
Krausnickstr.
Oranien-burger Str.
Oranienburger Tor
Kunsthaus Tacheles
Johannisstr.
Friedrichstadt-Palast
Quatsch Comedy Club
Ziegel-str.
Monbijou-str.
Monbijoupl.
Monbijoupark
Chamäleon
Dircksen-str.
Hackescher Markt
An d. Spand. Brücke
Roch-str.
Platz vor dem Neuen Tor
Robert-Koch-Platz
Hanno-versche-str.
Philipp-str.
Bettenhaus der Charité
historisches
Institute (HU)
Deutsches Theater Kammerspiele
Luisen-str.
Schumannstr.
Claire-Waldoff-Str.
B.-Brecht-Platz
Berliner Ensemble
Albrechtstr.
Reinhardt-str.
Marienstr.
Unterbaum-str.
Adele-Schreiber-Krieger-Str.
M.-Steffin-Str.
Marie-Elis.-Lüders-Haus
Schiffbauer-damm
Friedrichstr.
Am Weidend.
Admirals-Palast
Planck-str.
Geschw.-Scholl-Str.
Am Kupfer-graben
Tucholskystr.
Grimm-Zentrum
Museums-Insel
A.-L.-Karsch-Str.
Rosenstr.
Span-dauer Str.
Heidereuter-gasse
Berliner Dom
DDR Museum
Fernseh-turm
Rotes Rathaus
Gontardstr.
Karl-Liebknecht-Str.
Marx-Engels-Forum
Lust-garten
Bodestr.
Burgstr.
Reichstag
Jakob-Kaiser-Haus
Dorotheen-str.
Kennedy Museum
Madame Tussauds
Wilhelm-str.
Schadow-str.
Mittel-str.
Georgen-str.
Hegel-pl.
M.-Gorki-Theater
Humboldt-Universität
DHM
Staats-bibliothek
Universitätsstr.
Charlotten-str.
Am Zeughaus
Unter den Linden
Pariser Platz
Branden-bg. Tor
Forum Willy Brandt
Komische Oper
Glinkastr.
Deutsche Guggenheim
Bebelpl.
Staats-oper
Ober-wall-str.
Nieder-lagstr.
Unter-wasserstr.
Schloß-platz
Rathaus-str.
Post-str.
Propststr.
Nikolai-kirche
Molken-markt
H.-Zille Museum
Museum Nikolaikirche
Ephraim-Palais
Spree-ufer
Mühlen-damm
Jüdenstr.
Grunerstr.
Roland-ufer
Breite Str.
Brüderstr.
Scharrenstr.
Gertrauden-str.
Fischerinsel
Mark. Ufer
Märk. Museum
Schinkel-Museum
Werd. Markt
Auswärt. Amt
Kur-str.
C.-v.-Humb.-Weg
Kl. Jäger-str.
Friedrichsgracht
Oberwasser-str.
A.-Leinz-Str.
Kreuzstr.
Kl. Kurstr.
Spittel-markt
Niederwallstr.
Akademie der Künste
Behren-str.
Holocaust-Mahnmal
Cora-Berliner-Str.
Hannah-Arendt-Str.
Gertrud-Kolmar-Str.
In d. Ministergärten
An d. Kolonnade
Ebertstraße
Französische Str.
Französische Straße
Französische Str.
Jäger-str.
Mauerstr.
Tauben-str.
Konzert Haus
Gendarmen-markt
Haus-vogteipl.
Hausvogtei-platz
Jerusalemer Str.
Markgrafenstr.
Mohren-str.
Mohrenstr.
Stadt-mitte
Kronen-str.
Voß-str.
Potsdamer Platz
Leipziger Platz
Leipziger Str.
Bundesrat
BM für Finanzen
Abgeordnetenhaus
E.-Berger-Str.
Niederkirchnerstr.
Museum für Kommunikation
Info- und Dok.-Zentrum Stasi
Krausen-str.
Schützen-str.
»Checkpoint Charlie«
Museum Haus am Checkpoint Charlie
Zimmer-str.
Rudi-Dutschke-Str.
Kochstr.
Topographie des Terrors
Martin-Gropius-Bau
Stresemann-str.
Wall-str.
Spittel-markt
E.-Mara-Str.
Seydelstr.
Neue Grünstr.
Neue Roßstr.
Beuthstr.
Axel-Springer-Str.
Kommandanten-str.
Jakob-str.
Sebastian-str.
Alte Jakobstr.
Waldeck-park
Oranien-str.
Alexandrinenstr.
Schreiber-str.
Feilnerstr.
Ritter-str.
Berlinische Galerie
Moritz-platz
Bernburger Str.
Dessauer Str.
Anhalter Str.
Anhalter Bahnhof
Schöneberger Str.
Tempodrom
Puttkamer-str.
Besselstr.
Friedrichstr.
Hedemann-str.
E.T.A. Hoffmann-Prom.
Am Berlin Museum
Jüdisches Museum
Franz-Künstler-Str.
Lindenstr.
Hallesche Str.
Franz-Klühs-Str.
Hallesches Ufer